铁路新职人员岗位培训系列教材

铁路机车电工(电力)

中国铁路上海局集团有限公司　编

中国铁道出版社有限公司

2025年·北京

内 容 简 介

本书为铁路新职人员岗位培训系列教材之一，根据《铁路特有工种技能培训规范》和岗位作业标准编写。全书共八章，包括电力机车概述，基本技能，低压电器，高压电器，电机与变压器，变流器，网络控制系统和电力机车高、低压试验。

本书可作为铁路机车电工（电力）岗前资格性培训和岗位适应性培训教材，对各类职业院校相关专业师生也有重要的参考价值。

本书内容如有不符最新规章标准之处，以最新规章标准为准。

图书在版编目(CIP)数据

铁路机车电工. 电力 / 中国铁路上海局集团有限公司编. — 北京 : 中国铁道出版社有限公司, 2024. 12(2025.2 重印)
(铁路新职人员岗位培训系列教材). — ISBN 978-7-113-31731-7

Ⅰ. U270.38

中国国家版本馆 CIP 数据核字第 2024AE2959 号

书　　名： 铁路机车电工（电力）
TIELU JICHE DIANGONG (DIANLI)

作　　者： 中国铁路上海局集团有限公司

责任编辑： 王晓阳　　**编辑部电话：**（010）51873421　　**电子邮箱：** jiche@tdpress.com

封面设计： 郑春鹏

责任校对： 刘　畅

责任印制： 高春晓

出版发行： 中国铁道出版社有限公司（100054，北京市西城区右安门西街 8 号）

网　　址： https://www.tdpress.com

印　　刷： 北京盛通印刷股份有限公司

版　　次： 2024 年 12 月第 1 版　2025 年 2 月第 2 次印刷

开　　本： 787 mm×1 092 mm 1/16　**印张：** 9　**字数：** 218 千

书　　号： ISBN 978-7-113-31731-7

定　　价： 40.00 元

编 委 会

前言

人才是中国式现代化的基础性、战略性支撑，是铁路六个现代化体系建设的重要基础保障，新职人员是铁路技能人才队伍的新生力量。随着我国铁路事业快速发展，路网规模持续扩大、技术装备不断更新、职工队伍大规模新老交替，对铁路专业技能人才，尤其是新职人员的知识结构、技能结构提出了更高的要求。为提高职工岗位技能源头培训质量，提升职工队伍素质，保障运输安全生产，推动铁路高质量发展和现代化建设取得新成效，根据国铁集团《铁路特有工种技能培训规范》和岗位作业标准，中国铁路上海局集团有限公司组织编写"铁路新职人员岗位培训系列教材"。

本套教材严格落实铁路主要行车工种岗位资格性培训准入制度，紧密结合现场各工种岗位作业实际及职工培训中的重点，充分依据现行基本规章和作业标准，内容反映各专业新技术、新设备、新工艺、新规章制度变化，重点突出非正常情况下应急处置、作业标准和流程、安全规定、关键作业项点等。

本套教材的最大特点为"理实一体"，以岗位需求为导向，以提升职业素养和岗位技能为核心，将理论知识和实作技能融会贯通，融为一体。理论知识部分，遵循铁路专业学科的知识体系，由浅入深，既包含入门必备的基础知识，也针对专业知识逐步展开，使铁路新职人员较快掌握。实作技能部分，以提升技能操作水平为目标，紧密围绕岗位技能需求，突出必知必会内容，涵盖基本技能和专业技能。为便于教学和使用，每章后面配有复习思考题。

本套教材由中国铁路上海局集团有限公司教材编审委员会组织，集团公司领导高度重视，职工培训部牵头，运输、客运、货运、机务、车辆、工务、电务、供电等各专业部门，分别组建以首席、特级技师、工匠、技能大师等为主体的编写团队进行编写，适用于新职人员岗前资格性培训，也可用作日常岗位适应性培训教材，亦可作为普通高等学校铁路专业参考教材。本套教材在编写过程中得到了相关运输站段的大力支持,在此一并表示感谢!

本书为“铁路新职人员岗位培训系列教材”之一,共八章,主要内容包括:电力机车概述、电工基本电子元器件识别和工具使用、低压电器、高压电器、电机与变压器、变流器、网络控制系统以及电力机车高、低压试验。

本书难免有不足之处,恳请广大读者提出宝贵意见,便于日后修订完善。

编委会

2024 年 11 月

目 录

第一章　电力机车概述

电力机车是由电气化铁路供电系统提供能源，由牵引电机驱动前进的一种轨道交通运输设备。与蒸汽机车和内燃机车相比，电力机车启动加速快，爬坡能力强，运行时没有空气污染。

第一节　国外电力机车技术发展概况

19 世纪 20 年代，安培和法拉第各自发现了电磁力和电磁感应，随后在世界范围内开展了如何在铁路上运用这种理论的研究。1835 年，荷兰试制了以电池供电的两轴小型铁路电力机车；最早于 1836 年，在苏格兰的一种电动轨道车上进行了试验，该车由类似近代开关磁阻电动机的电机驱动。1842 年，苏格兰制造出一台由 40 组电池供电的标准轨距的电力机车。

德国在 19 世纪 60 年代发现了电动原理，采用发电机得到无限的有效功率，从而可提高电机的输出。1879 年德国设计制造了一辆小型电力机车，如图 1-1 所示，同年在柏林贸易展览会上，驾驶这辆电力机车首次成功运行。从 1882 年开始，这种直流牵引系统被用于有轨电车和采矿铁路。

图 1-1　首台电力机车(1879 年)

早期电力机车都采用第三轨供电方式，仅适合于电压和功率都比较低的情况。随着电力机车向高速、大功率方向发展，必须提高电力机车供电系统的电压和功率。1881 年，德国试验成功一种新的适合以高压输电线供电的电力机车供电系统，也就是将电力机车的供电线路由地面转向空中。第一条采用“架空接触导线”供电系统的全电气化铁路于 1895 年在美国开通，全长 5 km，采用 675 V 接触网供电的城市隧道，在此铁路线上开行的电力机车如图 1-2 所示。

图 1-2 直流电力机车(1895 年)

第一次世界大战时期出现 DC 1 500 V 电压制式,采用这种电压的电车和通勤车能够经济地运行。但对长途铁路,即使采用了间隔距离很短的中间供电整流器,还存在不可接受的电压降。1890 年,在意大利北部的第二条铁路和后来的辛普朗隧道的电气化中使用三相交流电。1903 年,在电动快速运输研究会上,德国西门子公司和美国通用电气公司联合制造的两辆接触网供电的轨道车在柏林附近进行了试验,如图 1-3 所示。这些车辆速度达到了 210 km/h。由于三相交流供电系统的设计和建设极为复杂,严重限制了此类供电系统的应用推广。

图 1-3 三相高速试验轨道车(1903 年)

1903 年,瑞士的机械制造工程师,成功地将欧姆电阻换向极分流运用到串励换向器电机上,从而实现与交流供电的兼容。1905 年,在苏黎世试验获得成功。1912 年,在德国普鲁士签署了"电气铁路运输的执行协议",将单相交流牵引标准设置为 15 kV,这种特殊的低频单相交流电可以有效实现串励换向器电机无火花换向,随后奥地利,瑞典,瑞士和挪威也引进了这个系统。瑞士联邦铁路在 1920 年运用于圣哥达通道铁路的著名电力机车"鳄鱼",如图 1-4 所示,机车功率为 1 650 kW。

由于铁路供电网络使用的专用频率,完全独立于国家的电网之外,导致很多铁路公司无法承担其巨大的成本。直到 1936 年，在德国电气行业通过测试多种样车，其中带汞蒸气整流器的样车获得成功，基本上解决了交流变直流的整流问题。在第二次世界大战后，法国工程师们在煤炭铁路的电气化铁路上引入了 25 kV 的额定电压，如图 1-5 所示，从此时起，50 Hz 工频供电系统就开始在全世界被广泛采用。

图 1-4 电力机车"鳄鱼"(1920 年，1 650 kW)

图 1-5 50 Hz 货运机车(1950 年，2 560 kW)

随着世界经济的快速发展，铁路运输的需求越来越高，铁路运输作为陆上运输的骨干地位逐渐被越来越多的国家认可。1973 年至 1974 年爆发的石油危机，进一步推动了电气化铁路的飞速发展。到 20 世纪 80 年代初，世界上有 50 多个国家和地区建设电气化铁路，苏联的电气化铁路总长度达到了四万公里。日本、法国、德国也拥有了超过 10 000 km 的电气化铁路。

电气化铁路供电问题得到解决之后，发展高功率、高速度的电力机车成为很多国家追求的目标，也催生了新的电力机车。1979 年，第一台大功率交流传动电力机车 E120 型诞生于德国，如图 1-6 所示，为电力机车的发展开创了一个新的时代，干线电力机车开始从直流传动到交流传动的转变，机车功率为 5 600 kW。

交流传动技术最大优势在于使用交流电动机替代了直流电动机，由于调速比较困难，所以迟迟不能在电力机车上应用。当电子技术和大功率晶闸管变流装置获得突破后，才生产出采用三相交流电机的高性能电力机车。到 20 世纪 90 年代，欧洲、日本和其他主要制造商几乎停止了直流传动电力机车的生产，交流电力机车逐渐成为世界上电力机车发展的主流。

图 1-6　德国铁路的 E120 型电力机车(1979 年,5 600 kW)

20 世纪末期,随着半导体技术的跨越式发展和推广运用,推动了国外电力机车向更大功率、更高速度的进一步发展。1999 年,德国西门子公司为了满足德国联邦铁路货运公司将来超负荷的运输任务,运用当时世界上最高电压等级的 6.5 kV 大功率水冷 IGBT 元件,设计完成了适用于欧洲铁路网各种制式的 BR189 型电力机车如图 1-7 所示。由于这种机车不仅能够在交流 15 kV 和 25 kV 网压下运行,还能够在直流 1.5 kV 和 3 kV 的网压下运行。这种机车除了在德国外,还能在大部分的欧洲国家运行。BR189 型电力机车开启了欧洲多流制机车的时代,多流制机车已经在欧洲得到了广泛应用。

图 1-7　德国铁路的 BR189 型电力机车(1999 年,四流制)

第二节　国内电力机车技术发展概况

我国首条干线电气化铁路于 1961 年通车,起步较晚。但通过借鉴国外的成功经验,从一开始就采用供电制式为 AC 25 kV、50 Hz 的交—直传动方式,所以我国干线电气化铁路是单一制供电方式,它为我国电力机车的开发提供了良好的基础。

我国最早使用的电力机车是 1914 年在抚顺煤矿上运行的直流 1 500 V 供电电力机车,该机车从日本引进。我国自行研发、制造电力机车的历史开始于我国国民经济发展的第一个五年计划期间。1956 年，铁道部制定了《铁路十二年科技发展规划》，提出了牵引动力的技术改造由蒸汽机车向电力机车、内燃机车转型的步骤和计划。根据这一规划，我国开始电气化铁路的修建和投入运营。

1958 年 12 月 28 日，在参照苏联的 H60 型电力机车基础上，株洲电力机车工厂和湘潭电机厂联合研制出我国第一台电力机车，6Y1 型电力机车。其中“6”指此机车轴列式为“C_0-C_0”的 6 轴电力机车，“Y”指引燃管整流，机车持续功率为 3 410 kW，最高速度可达 100 km/h。1958 年至 1965 年期间，经过对 6Y1 型电力机车持续的研究改进，株洲电力机车工厂先后试制了 5 台电力机车。随着我国半导体工业技术的发展，株洲电力机车工厂基本掌握了电力机车技术，将引燃管整流改为大功率半导体整流器，并改进了牵引电传动和制动系统，试制出新型电力机车。1968 年 4 月 27 日，我国自行研制的第一台电力机车以毛泽东诞生地韶山的名字来命名，正式命名为“韶山 1 型”电力机车如图 1-8 所示，代号 SS_1。SS_1 型电力机车的制造开创了韶山系列干线电力机车的历史。后续我国电力机车韶山系列逐步发展到“韶山 8 型”“韶山 9 型”，形成了可以满足不同运输需求的韶山系列产品，是我国电气化客货运输的主力车型。

图 1-8　SS_1 型电力机车

SS_1 型电力机车是我国自行研制的第一台电力机车，因其引燃管、调压开关、牵引电机三大主要部件可靠性较差，SS_1 型电力机车从研制成功至技术成熟、定型主要经历了三次重大技术改造。

第一次技术改造从 8 号车开始，采用 200 A、600 V 螺栓型二极管取代引燃管组成中抽式全波整流桥，牵引电机改为 4 极、有补偿绕组的高压牵引电机。

第二次技术改造从 61 号车开始，采用 300 A、1 200 V 平板型二极管组成中抽式全波整流电路，利用二极管的反向截止特性组成过渡硅机组，取代过渡电抗器以消除级位转换电路中的环流，大大提高了调压开关可靠性，也使 33 个运行级全部成为经济运行级。

第三次技术改造从 131 号车开始，将主电路中抽式电路改为单拍式双开口桥式整流调压电路。该电路取消了过渡硅机组，而与主整流机组合并。整个机组采用 500 A、2 400 V 的整流二极管。这种改造于 1980 年从 SS_1-221 号车定型。

1969 年，株洲电力机车研究所和株洲电力机车工厂联合研制了 SS_2 型电力机车，如图 1-9 所示，采用高压侧调压开关 32 级调压，硅整流器整流，800 kW、6 级低压脉流牵引电机，并大量采用其他先进技术，机车持续功率达到 4 620 kW，最高速度 110 km/h。SS_2 型电力机车后经两次改造，于1978年投入试运行。SS_2型电力机车虽然由于个别技术不能配套，未能批量生产，但它为SS_1型电力机车改进，以及其他型号机车、动车的设计、生产积累了宝贵经验。

1978年，株洲电力机车工厂研制成功SS_3型电力机车，如图1-10所示，SS_3型电力机车采用大功率硅整流管和晶闸管组成的不等分三段桥式全波整流电路，晶闸管相控平滑调压和补偿绕组的脉冲串励四极牵引电机。SS_3型电力机车是在吸收了SS_1、SS_2型电力机车成熟经验的基础上，研发出的我国第二代客货用电力机车，与第一代电力机车相比，最大特征是采用低压侧调压开关进行8级电压粗调，在每一级间利用晶闸管进行相控电压微调，实现了类似8段桥相控调压的无级调速特征。机车持续功率4 320 kW，最高速度为100 km/h，1983年进行了样机改进，1985年开始小批量生产，1992年和2003年，株洲电力机车工厂又进行了技术改进，分别生产出改进后的SS_3型4000系列电力机车和SS_{3B}型固定重联电力机车。

图1-9 SS_2型电力机车

图1-10 4000系列电力机车

1985年，株洲电力机车工厂设计并试制成功SS_4型电力机车，如图1-11所示，表明我国电力机车产品进入第三代。SS_4型电力机车采用晶闸管相控调压的四段经济半控桥整流，是我国第一台重载货运电力机车和第一台B_0转向架的电力机车。该机车由各自独立又互相联系的两节四轴车组成，每节车均为一个完整的系统。SS_4型电力机车牵引及制动功率大、启动平稳、加速快、工作可靠，司机室工作条件良好、污染少，维修简便；机车持续功率为6 400 kW，最高速度100 km/h。于1993年对SS_4型电力机车完成了重大改进，被称为SS_4改型电力机车。1996年，再次改进生产出SS_{4B}型电力机车，机车性能与可靠性进一步提高。

我国第三代电力机车主要特征是采用多段桥(3、4段)相控无级调压的调速方式，第三代电力机车技术的出现和成熟，极大推动了我国铁路运输的发展。我国第三代电力机车发展出了多种机型，包括SS_4型、SS_5型、SS_6型、SS_7型、SS_8型、SS_9型以及它们的派生机型SS_{4G}型、SS_{4B}型、SS_{4C}型、SS_{6B}型、SS_{7B}型、SS_{7C}型、SS_{9G}进型等，SS_{9G}进型如图1-12所示，机车功率有3 600 kW、4 800 kW、6 400 kW等功率级别，由客运900 kW、货运800 kW脉流牵引电机单轴拖动，构成了4轴、6轴、8轴，快速客运、客货两用，重载货运等一系列交—直传动电力机车。

图 1-11 SS4 型电力机车

图 1-12 SS9 改进型电力机车

1996 年，由株洲电力机车工厂和株洲电力机车研究所研制成功的 AC4000 型电力机车如图 1-13 所示，是我国第一台交流传动电力机车。机车最大速度为 120 km/h，轴列式 B_0-B_0，机车功率达到 4 000 kW。AC4000 型电力机车属于实验性车型，仅试制一台，未投入批量生产，但其研制及试验过程为我国探索交流传动电力机车设计特点及性能指标作出了重要贡献。AC4000 型电力机车采用不对称快速晶闸管组成的四象限变流器、PWM 牵引逆变器实现交—直—交的电传动方式，最终实现对三相异步牵引电机的驱动和控制。机车装有微机控制系统，具有工况监控和故障诊断检测功能，电制动采用再生制动。AC4000 型电力机车的诞生是我国机车电传动发展史上继直流传动、交—直传动之后的一个新的里程碑，实现了我国交流传动铁路机车零的突破，标志着我国电力机车由第三代向第四代交流传动电力机车迈进。

20 世纪末，按照“标准化、系列化、简统化”原则，借鉴国外经验，立足国内既有交流传动技术和交—直传动机车成熟技术，由株洲电力机车工厂、株洲电力机车研究所、中国铁道科学研究院、西南交通大学、湖南大学、中南大学等单位共同对交流传动机车研制进行了探索。

1999 年，由德国西门子公司与株洲电力机车工厂合作生产的，以西门子第二代“欧洲短跑手”系列电力机车作为技术平台，专为我国铁路设计制造了 DJ1 型电力机车，如图 1-14 所示。DJ1 型电力机车标称功率 6 400 kW，最高速度 120 km/h，持续速度 50 km/h，持续牵引力 461 kN。DJ1 型电力机车以大功率水冷 GTO 元件实现交—直—交的电传动方式，是我国首款技术引进及批量生产的交流传动电力机车。

图 1-13 AC4000 型电力机车

图 1-14 DJ1 型电力机车

2004年,株洲电力机车有限公司、大同电力机车有限公司、大连机车车辆有限公司通过“引进、消化吸收、再创新”,逐步建立了和谐系列大功率交流传动机车研制平台,并逐步具备了牵引变流器、微机控制系统、制动系统等核心系统和部件自主知识产权。其中,HXD_1型电力机车如图1-15所示,是株洲电力机车有限公司与西门子公司联合研制,在西门子的“欧洲短跑手”机车平台上,结合其DJ_1型电力机车在我国大秦线上的运用经验而研制的。

图1-15 HXD_1型电力机车

HXD_2型电力机车如图1-16所示,是大同电力机车有限公司与阿尔斯通公司在PRIMA系列电力机车的基础上联合研制的。

图1-16 HXD_2型电力机车

HXD_3型电力机车如图1-17所示,是大连机车车辆有限公司与东芝公司联合研制,以SSJ_3-0001试验车及日本货物铁道使用的EH500型作为技术平台设计制造的。在这三种车型技术引进的基础上,三大制造商逐步完成技术消化吸收、再创新,开发出了具备自主知识产权的系列产品,主要有HXD_1系列电力机车、HXD_2系列电力机车及HXD_3系列电力机车。和谐系列大功率交流传动机车均采用最新大功率水冷IGBT元件实现交—直—交传动,并采用先进的微机控制系统实现机车的智能控制和自动检测功能。经过发展,HXD_1、HXD_{1B}、HXD_{1C}、HXD_{1D}、HXD_2、HXD_{2B}、HXD_{2C}、HXD_3、HXD_{3B}、HXD_{3C}、HXD_{3D}等和谐型大功率交流传动电力机车，以及 FXD_1、FXD_3 型动力车相继诞生并批量生产投入运用，实现了我国轨道交通装备的快速发展。

FXD_1 型和 FXD_3 型电力机车如图 1-18、图 1-19 所示，是 8 轴交流传动快速客运电力机车。该型电力机车是在既有和谐 1 系列、和谐 3 系列电力机车基础上，通过轻量化设计和技术创新，满足高速及普速线路客运牵引要求。机车最高试验速度 231 km/h。机车持续功率 11 200 kW，机车最大速度 200 km/h，整备重量 156 t，机车轴列式 $2(B_0\text{-}B_0)$，启动牵引力 480 kN，持续速度 95 km/h。

图 1-17　HXD_3 型电力机车

图 1-18　FXD_1 型电力机车

FXD_{1B} 型和 FXD_{2B} 型电力机车如图 1-20、图 1-21 所示，是 30 t 轴重 8 轴大功率交流传动重载货运电力机车。该型电力机车是在成熟的大功率交流传动电力机车技术平台上，充分考虑到 30 t 轴重重载运输条件，自主创新研制。机车持续功率 9 600 kW，机车最大速度 100 km/h，整备重量 216 t 或 240 t，机车轴列式 $2(B_0\text{-}B_0)$，启动牵引力 820 kN(27 t 轴重)或 910 kN(30 t 轴重)，持续速度 55 km/h(27 t 轴重)或 50 km/h(30 t 轴重)。

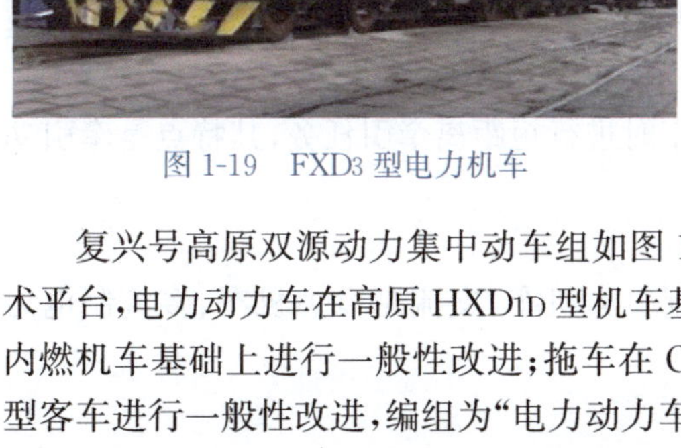

图 1-19　FXD_3 型电力机车

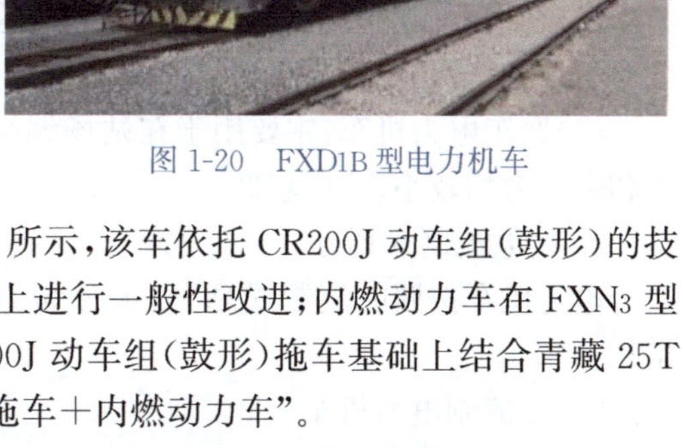

图 1-20　FXD_{1B} 型电力机车

复兴号高原双源动力集中动车组如图 1-22 所示，该车依托 CR200J 动车组(鼓形)的技术平台，电力动力车在高原 HXD_{1D} 型机车基础上进行一般性改进；内燃动力车在 FXN_3 型内燃机车基础上进行一般性改进；拖车在 CR200J 动车组(鼓形)拖车基础上结合青藏 25T 型客车进行一般性改进，编组为“电力动力车＋拖车＋内燃动力车”。

图 1-21 FXD2B 型电力机车

图 1-22 复兴号高原双源动力集中动车组

我国轨道交通的发展步伐不断加快,铁路机车如何实现节能减排、绿色环保已成为当前轨道交通移动装备研究的热点领域。电力机车在朝着大功率、轻量化的方向发展。开展智能化、信息化、绿色环保和大数据处理等技术应用研究,实现装备的全面信息化和智能运维,完善装备智能化控制和全寿命周期健康管理,形成体系化的安全保障技术标准体系和运维技术标准体系,为用户提供安全、高效、绿色、智能为特征的、服役性能更强的电力机车产品。利用安全检测技术提高机车的可靠性、可维护性也是电力机车技术发展的方向。

第三节 电力机车分类及组成

一、电力机车分类

电力机车可按照用途、电流制式、传动方式、轴列式等不同方式划分。

1. 按用途划分

电力机车按照用途及使用场所,可分为客运电力机车、货运电力机车、客货两用电力机车和调车电力机车。

(1)客运电力机车:主要用于承担客运列车牵引任务,其特点是牵引力较小,运行速度较高。

(2)货运电力机车:主要用于承担货运列车牵引任务,其特点是牵引力大,运行速度较低。

(3)客货两用电力机车:可同时用于客运和货运列车牵引任务,其特点是牵引力、运行速度介于客运、货运电力机车之间。

(4)调车电力机车:主要用于在站场编组列车时进行短距离牵引任务,其特点是牵引功率和牵引力均较小,速度较低。

2. 按电流制式划分

电力机车按照电流制式划分,可分为直流制电力机车、交流制电力机车、多流制电力机车。

(1)直流制电力机车

直流制电力机车是由直流接触网供电的电力机车。它是发展最早的电力机车,其接触网通常为 1.5 kV 和 3 kV 的直流电压。直流制电力机车采用直流牵引电机,其结构简单、控制方便、易于维修、运用比较可靠。但由于接触网电压不高而使送电距离受到限制，变电所数目增加，尤其不适于机车向大功率方向发展。其调速方法多采用调节启动电阻和改变电机连接方式，能耗大并有一定冲击。直流制电力机车正全面被交流制电力机车所取代，但在意大利、西班牙、波兰、俄罗斯、日本、法国仍有相当数量的直流制电力机车在运营。

(2)交流制电力机车

交流制电力机车分为单相低频电力机车和单相工频电力机车两种。

①单相低频电力机车是在单相交流低频供电接触网下采用单相交流整流子电动机驱动的电力机车。低频是为了有利于单相交流整流子电动机的整流，其接触网电压可提高到15 kV，使接触网简化，变电所数目减少，而适应大功率牵引的要求。但因供电频率与工业用电不同，需专门发电厂或在工业系统和铁道系统之间设置复杂的变频设备。

②单相工频电力机车是单相交流工频供电接触网下采用牵引电机驱动的电力机车。单相工频交流制自20世纪50年代开始发展而成为当今世界铁道电气化最先进的供电制。其接触网电压高达20 kV或25 kV，而且与工业系统频率相同。由交—直—交电压型变流装置和鼠笼式异步牵引电机构成的交流制电力机车已成为世界电力机车的主流。

(3)多流制电力机车

多流制电力机车是指能在两种及以上的供电制式下运用的电力机车。目前世界上轨道交通领域存在多种电流制式，欧洲铁路主要采用交流15 kV/ 16.7 Hz 、25 kV/50 Hz，直流1.5 kV和3 kV四种电流制式；美国铁路采用的供电制式主要有交流12.5 kV/ 60 Hz以及25 kV/60 Hz；南非采用交流50 kV/ 50 Hz、25 kV/ 50 Hz和直流3 kV。

我国铁路采用25 kV/ 50 Hz电流制式，轻轨采用直流750 V和1 500 V电流制式。当电力机车跨界牵引运用时，多流制电力机车相对于单一供电制式电力机车而言，工作量更小、费用更节省，具有较为明显的优势。

3. 按传动方式划分

电力机车按照电传动方式划分，可分为直—直流电传动、直—交流电传动、交—直流电传动和交—直—交流电传动等类型。

(1)直—直流电传动方式是指采用直流电源供电、直流牵引电机驱动的方式。受流系统通过接触网或者第三轨获取电能，然后通过直流调压装置进行调压，从而实现对直流牵引电机转速和转矩的调节。

(2)直—交流电传动方式是指采用直流电源供电、交流牵引电机驱动的方式。受流系统通过接触网或者第三轨获取电能，然后通过逆变装置进行变频变压，向牵引电机输出电压、频率可调节的交流电能，从而实现对交流牵引电机转速和转矩的调制。

(3)交—直流电传动方式是指采用交流电源供电、直流牵引电机驱动的方式。受流系统通过接触网获取电能，然后通过交流变压装置进行降压，降压后的电能通过整流装置整流得到符合直流牵引电机需求的直流电压，从而实现对直流牵引电机转速和转矩的调节。

(4)交—直—交流电传动方式是指采用交流电源供电、交流牵引电机驱动的方式。受流系统通过接触网获取单相高压电能，然后采用变压装置将原边高压降低到符合整流器件需求的电压等级，进而通过整流装置将交流电转换成直流电，最后再通过逆变装置将直流电转化成电压、频率可调的三相交流电，用于驱动牵引电机从而实现对交流牵引电机转速和转矩的调制。它是目前轨道交通最为常用的传动方式。

4. 按轴列式划分

对于电力机车轴的排列方式,国际上和国内均有相应标准,单节机车从机车Ⅰ端或前端开始,重联机车从机车两端开始,按同种相邻车轴数量分别以相应的大写拉丁字母,阿拉伯数字和数学符号表示。大写拉丁字母表示驱动轴,阿拉伯数字表示非驱动轴,正号“+”表示铰接,负号“-”表示无连接。单独驱动的驱动轴,在相应字母的右下角注“0”字;成组驱动的驱动轴,不加角注。如:

B 表示两根成组驱动的驱动轴;

B_0 表示两根单独驱动的驱动轴;

C 表示三根成组驱动的驱动轴;

C_0 表示三根单独驱动的驱动轴。

根据以上规则,较为常见的电力机车轴列式划分见表 1-1。

表 1-1 电力机车轴列式

轴列式	图示	说明
B_0-B_0	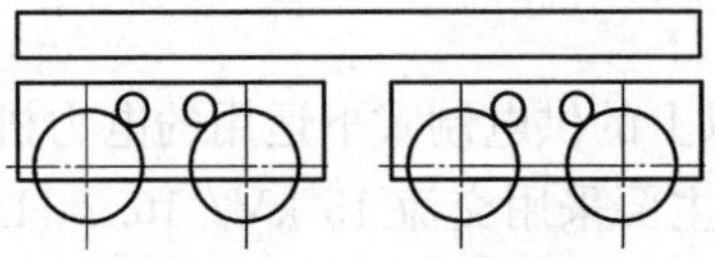	机车具有两台各轴为单独驱动的两轴转向架
C_0-C_0	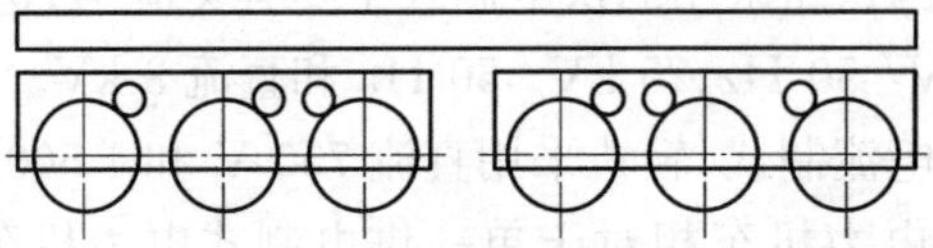	机车具有两台各轴为单独驱动的三轴转向架
B_0-B_0-B_0	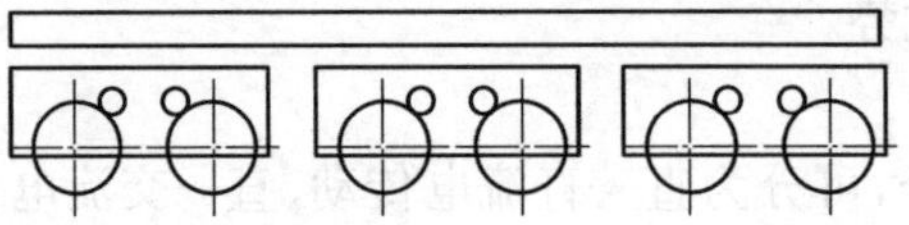	机车具有三台各轴为单独驱动的两轴转向架
2(B_0-B_0)	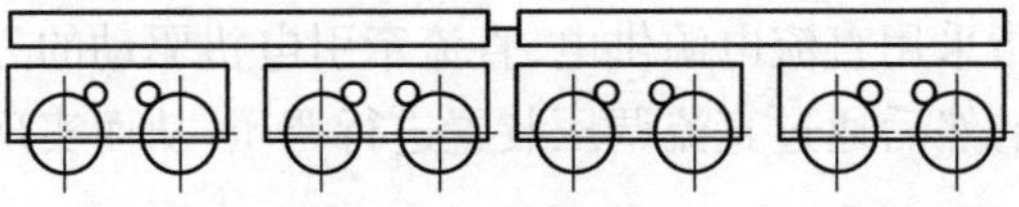	机车为两节重联,每节机车具有两台各轴为单独驱动的两轴转向架
2(C_0-C_0)	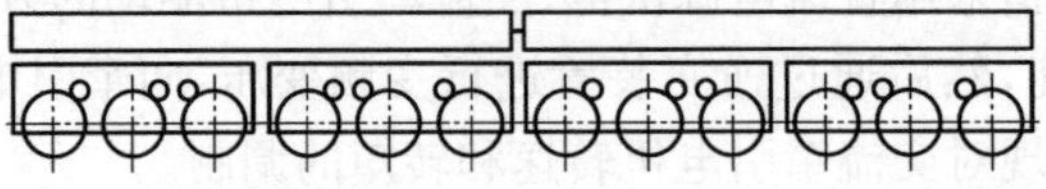	机车为两节重联,每节机车具有两台各轴为单独驱动的三轴转向架

二、电力机车基本组成

电力机车基本组成包括高压系统、电传动系统、控制系统、车体及钩缓装置、转向架、制动系统和辅助系统。

1. 高压系统

高压系统是指机车网侧系统或网侧电路,也就是机车从交流 25 kV 供电接触网获取电流并将电流导入牵引变压器原边绕组，再通过接地装置将电流送钢轨及铁路变电站的电路或系统。

2. 电传动系统

电传动系统是电力机车的核心子系统，是实现牵引变压器次边电能到牵引电机转动机械能转换的最主要系统，电传动系统的发展推动了整个电力机车的向前发展。传动系统可以分为直流电传动系统和交流电传动系统，最为主流的交—直—交流电传动系统就属于交流电传动系统。

3. 控制系统

机车控制系统可以分为继电器接触器控制系统和微机网络控制系统。

继电器接触器控制系统由司机控制器、低压电器、主电路及辅助电路中的各电器电磁线圈以及各电器部件的联锁组成。通过司机操纵台上的各按键开关和司机控制器手柄，司机可以控制主电路和辅助电路中各电器的动作，使机车按照司机的指令运行。

微机网络控制系统是用于连接车载设备，实现信息共享、控制功能、监测诊断的数据通信系统，它以计算机网络为核心，把计算机技术，控制技术、设备诊断技术与网络通信技术紧密结合起来。网络控制系统一般采用列车级控制和车辆级控制，列车控制级采用绞线式列车总线 WTB，车辆控制级采用多功能车辆总线 MVB。网络控制系统采用分布式控制技术，即分布采集及执行，中央集中控制与管理的模式。

4. 车体及钩缓装置

车体及钩缓装置是电力机车机械部分的关键组成，是指机车上传递转向架的牵引、制动力，承受车钩间相互作用力，同时承载机车设备的大型结构件。车体一般由底架、司机室钢结构、设备安装骨架、侧墙、顶盖等主结构组成，还有排障器、门、窗、脚踏扶手等附属装置。车体技术包括钩缓技术、车体承载技术、车体仿真计算技术、车体密封技术等。车体是实现人、物的承载及牵引/制动力传递的直接载体，是事关整车安全的重要部件。

5. 转向架

转向架是电力机车的走行部分，它对提高机车运行速度，确保行车安全，改善机车走行品质，提高乘务人员工作舒适性等均有极为重要的作用。转向架承担机车车体及其所安装设备的所有重量，该重量通过车体支持、构架、一系轴箱悬挂均匀分配到各轴箱上，最后经轮对作用于钢轨。转向架必须保证轮轨之间的黏着，在轮轨接触点产生轮周牵引力/制动力并传递给车体、车钩，从而实现列车牵引/制动。此外转向架应能实现在钢轨的引导下在直线和曲线上安全运行，缓和线路不平顺对机车的冲击，实现机车的平稳运行。通常的转向架一般由构架、轮对、轴箱、弹性悬挂、电机悬挂、传动装置和基础制动装置等组成。

6. 制动系统

制动系统作为电力机车的重要组成部分，是保证列车安全平稳调速及停车的关键系统，其性能的好坏直接影响列车运输安全。一般来说制动主要分为动力制动与空气制动，动力制动一般采用再生制动，通过牵引电机发电并将发出的电能回馈到接触网以供其他列车使用，这一过程消耗了列车的前进动能，达到了制动降速的效果。

空气制动的原理是利用压缩空气推动安装在转向架上的基础制动装置与车轮踏面或者车轮上安装的制动盘等部件进行机械摩擦，从而达到制动的作用；空气制动通常有踏面制动、轮盘制动两种形式，采用何种制动形式需根据机车特定情况来选择。空气制动系统通常由压缩机、风缸、制动机、基础制动装置等部分组成。

7. 辅助系统

辅助系统是配合电力机车主电路系统正常工作的相关配套系统，主要包括辅助电源、辅助负载和通风系统等子系统。

复习思考题

1. 中国第一台电力机车是什么?
2. 电力机车按照用途及使用场所，可分为哪几种?
3. 电力机车按照电流制式划分，可分为哪几种?
4. 电力机车按照电传动方式划分，可分为哪几种?
5. 电力机车主要由哪几部分组成?

第二章　基本技能

在机车检修工作中，机车电工应具备的基本技能包括电工基本技能和钳工基本技能。通过学习基本电子元器件识别方法，可让我们准确识别电阻、电容、二极管等元件的类型与参数。通过学习万用表、测电笔、游标卡尺、水平尺等常用工具的使用方法，可为机车电工进行机车检修奠定坚实基础。

第一节　基本电子元器件识别

基本电子元器件识别是电工需要掌握的重要基础技能，它是指通过对电子元器件的外观、标识、引脚等特征进行观察和分析，从而准确判断元器件的类型、规格、参数和性能的过程。本节主要介绍色环电阻、电容、二极管的识别方法。

一、色环电阻

色环电阻是电子电路中常用的电子元件，它在表面用不同颜色的色环来区分电阻的阻值大小。色环电阻在电阻封装上（即表面）涂上一定颜色的色环，来代表这个电阻的阻值。色环电阻对照见表 2-1。

表 2-1　色环电阻对照

颜色	色环环数			倍率	误差
	第一环	第二环	第一环		
黑	0	0	0	10^0	
棕	1	1	1	10^1	±1%
红	2	2	2	10^2	±2%
橙	3	3	3	10^3	
黄	4	4	4	10^4	
绿	5	5	5	10^5	±0.5%
蓝	6	6	6		±0.25%
紫	7	7	7		±0.1%
灰	8	8	8		
白	9	9	9		
金				10^{-1}	±5%
银				10^{-2}	±10%

（一）色环电阻的读数方法

1. 三色环电阻读数方法

第一、二环分别代表两位有效数的阻值；第三环代表倍率。

2. 四色环电阻读数方法

第一、二环分别代表两位有效数的阻值;第三环代表倍率;第四环代表误差。

以“棕红红金”为例,见表 2-2,其阻值为 $12\times10^2=1\ 200\ \Omega$ 误差为±5%,误差表示电阻数值,在标准值 1 200 Ω 上下波动(1 200×5% Ω)都表示此电阻是可以接受的,即在 1 140～1 260 Ω 之间表示阻值良好。

表 2-2 四色环电阻读数方法

棕	红	红	金
1	2	10^2(倍率)	±5%(误差)

3. 五色环电阻读数方法

第一、二、三环分别代表三位有效数的阻值;第四环代表倍率;第五环代表误差。

以“红红黑棕金”为例,见表 2-3,其电阻为 $220\times10^1=2\ 200\ \Omega$ 误差为±5%,误差表示电阻数值,在标准值 2 200 Ω 上下波动(2 200×5% Ω)都表示此电阻是可以接受的,即在 2 090～2 310 Ω 之间表示阻值良好。

表 2-3 五色环电阻读数方法

红	红	黑	棕	金
2	2	0	10^1(倍率)	±5%(误差)

4. 六色环电阻读数方法

六色环电阻的识别:第一、二、三环分别代表三位有效数的阻值;第四环代表倍率;第五环代表误差;第六色环表示该电阻的温度系数。

(二)色环电阻的识别技巧

1. 先找标志误差的色环,从而排定色环顺序。最常用的表示电阻误差的颜色是金、银、棕,尤其是金环和银环极少用作电阻色环的第一环,所以在电阻上只要有金环和银环,就基本认定这是色环电阻的最末一环。

2. 在实践中可以按照色环之间的间隔加以判别。棕色环既可以作为第一环,也可以作为最末一环,还可以同时出现在第一环和最末一环,造成色环电阻识别困难。以五色环电阻为例,第四环和第五环之间的间隔比第一环和第二环之间的间隔要宽一些,据此可判定色环的排列顺序。

二、电　　容

被绝缘介质隔开的两个导体的总体叫作电容。电容的基本特性是能够储存电能,其被广泛用于信号耦合、谐振、滤波、补偿、充放电、储能、隔直流等机车电路中。电容按结构分为固定式、可变式和微调式电容;按焊接方式分为插入焊接式和贴面焊接式电容;按介质分为陶瓷、云母、纸质、薄膜、电解电容;按有无极性分为有极性电容和无极性电容。常见电容如图 2-1 所示。

(一)电容容量的常见识别方法

1. 直标法。将电容的标称值用数字和单位在电容的本体上表示出来。

2. 数字表示法。一般用三位数字表示容量的大小，前两位表示有效数字，第三位表示10的倍幂。

(二)电容极性的常见识别方法

1. 插入焊接式有极性电容引线较长的为正极，如无法根据引线判断，那就看标记判别，如图2-2所示。

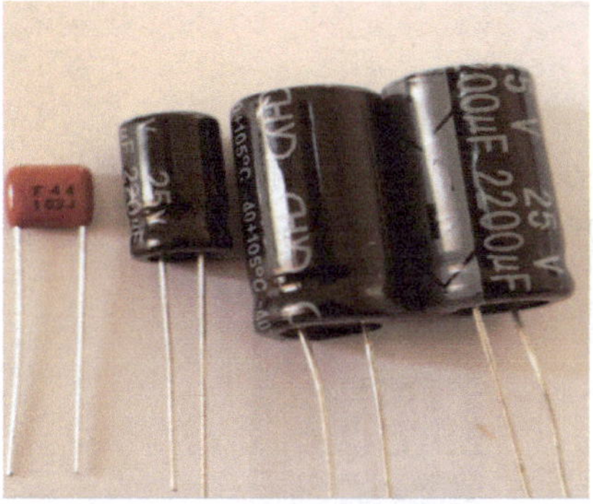

图 2-1　常见电容

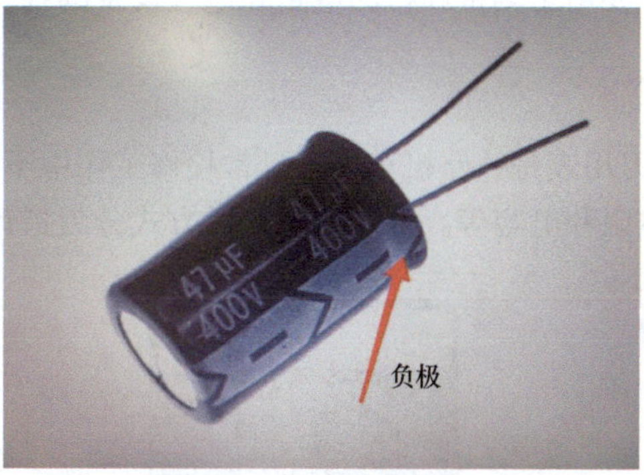

图 2-2　插入焊接式有极性电容

2. 贴面焊接式有极性铝电解电容顶面有黑色标识(有些是黑色网状)，是负极性标志，另外顶面还有电压、容量等标识。有极性钽电解电容顶面有一条黑色线或者白色线，是正极性标识，顶面也有电压、容量等标识。

三、二 极 管

二极管是用半导体材料制成的一种电子器件，具有单向导电性能。它有两个电极，正极和负极，当给二极管两极间加上正向电压时，二极管导通；而加上反向电压时，二极管截止。二极管可用于整流，将交流电变为直流电。

(一)二极管极性的识别方法

1. 外观识别法。二极管一般有两个引脚，一端有标记(如色环、凹槽等)，标记端为负极，如图2-3所示。发光二极管长引脚为正极，短引脚为负极。对于贴片二极管，通常有标记的一端为负极。

图 2-3　二极管

2. 仪表测量法。使用数字万用表的二极管挡，用两支表笔分别接触二极管的两个电极，若万用表显示值在1 V以下，说明二极管处于正向导通状态，这时红表笔接的是正极，黑表笔接的是负极；若显示溢出符号“1”，说明管子处于反向截止状态，这时黑表笔接的是正极，红表笔接的是负极。

(二)二极管质量的判别方法

正常情况下小功率二极管的正向电阻值约为几百欧姆，反向电阻值约为几百千欧。若两次测得的阻值都很大，则说明这只二极管内部已经断路。若两次测得的阻值都很小，则说明这只二极管内部已经短路。若两次测得的阻值相差不多，则说明这只二极管的单向导电性能很差。

第二节　电工工具使用

电工工具是电工在进行电气工作时必不可少的工具。正确使用电工工具能够提高工作效率,确保工作质量,同时也能够保证电工的安全。常用电工工具包括万用表、兆欧表、测电笔,主要用于测量和检测电路和电气设备的各种参数。

一、万 用 表

万用表是铁路机车电工日常检修工作中不可缺少的测量仪表,一般多用于测量电压、电流、电阻和电容等。万用表按显示方式分为指针式万用表和数字式万用表,如图 2-4 所示。

(a) 指针式万用表　　(b) 数字式万用表

图 2-4　万用表

(一)指针式万用表

指针式万用表主要由表盘、转换开关和表笔组成。

1. 使用方法

(1)电阻的测量方法

①把转换开关拨到欧姆挡,合理选择量程。

②两表笔短接,进行欧姆调零,即转动零欧姆调节旋钮,使指针指到电阻刻度右边的“0”Ω处。

③将被测电阻脱离电源,用两表笔接触电阻两端,从表头指针显示的读数乘所选量程的倍率数即为所测电阻的阻值。如选用“R×100”挡测量,指针指示“30”,则被测电阻值为 30×100=3 000 Ω。

(2)直流电压的测量方法

①把转换开关拨到直流电压挡,选择合适的量程。当被测电压数值范围不清楚时,可先选用较高的测量范围挡,再逐步选用低挡,测量的读数最好选在满刻度的 2/3 处附近。

②把万用表并接到被测电路上,红表笔接到被测电压的正极,黑表笔接到被测电压的负极,不能接反。

③根据指针稳定时的位置及所选量程,正确读数。

（3）交流电压的测量方法

①把转换开关拨到交流电压挡，选择合适的量程。

②将万用表两根表笔并接在被测电路的两端，不分正负极。

③根据指针稳定时的位置及所选量程，正确读数。其读数为交流电压的有效值。

（4）电流的测量方法

①把转换开关拨到电流挡，选择合适的量程。

②将被测电路断开，万用表串接于被测电路中。注意正、负极性，电流从红表笔流入，从黑表笔流出，不可接反。

③根据指针稳定时的位置及所选量程，正确读数。

2. 操作过程中的注意事项

（1）进行测量前，先检查红、黑表笔连接的位置是否正确。红色表笔接到红色接线柱或标有"＋"号的插孔内，黑色表笔接到黑色接线柱或标有"－"号的插孔内，不能接反，否则在测量直流电量时会因正负极的反接而使指针反转，损坏表头部件。

（2）在表笔连接被测电路之前，一定要查看所选挡位与测量对象是否相符，否则，误用挡位和量程，不仅得不到测量结果还会损坏万用表。

（3）测量时，须用右手握住两支表笔，手指不要触及表笔的金属部分和被测元器件。

（4）测量中若需转换量程，必须在表笔离开电路后才能进行，否则选择开关转动产生的电弧易烧坏选择开关的触点，造成接触不良的事故。

（5）机械调零。旋动万用表面板上的机械零位调整螺钉，使指针对准刻度盘左端的"0"位置。

（二）数字式万用表

数字式万用表主要由显示屏、转换开关和表笔组成，其结构如图2-5所示。

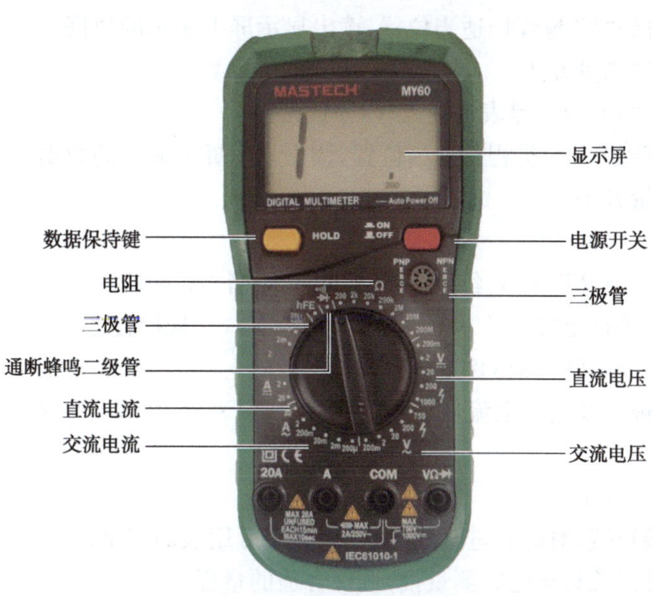

图2-5　数字式万用表结构

1. 使用方法

(1)电阻的测量方法

①首先红表笔插入“VΩ”孔 黑表笔插入“COM”孔。

②量程旋钮打到“Ω”量程挡适当位置。

③分别用红黑表笔接到电阻两端金属部分读出显示屏上显示的数据。数字式万用表显示选用“R×20k”挡测量,显示为 2.00,则被测电阻值为 2 kΩ,如图 2-6 所示。

图 2-6 电阻的测量

(2)直流电压的测量方法

①红表笔插入“VΩ”孔,黑表笔插入“COM”孔。

②量程旋钮打到“V”量程挡适当位置,读出显示屏上显示的数据。

(3)交流电压的测量方法

①红表笔插入“VΩ”孔,黑表笔插入“COM”孔。

②量程旋钮打到“V～”量程挡适当位置,读出显示屏上显示的数据。

(4)电流的测量方法

①断开电源。

②黑表笔插入“COM”端口,红表笔插入“mA”或者“A”端口。

③功能旋转开关打至“A～”(交流),“A—”(直流),并选择合适的量程。

④将数字万用表串联入被测线路中。

⑤接通电源,被测线路中电流从红表笔流入,从黑表笔流出,再流入被测线路中,读出显示屏数字。

(5)电容的测量方法

①将电容两端短接,对电容进行放电,确保数字万用表的安全。

②将功能旋转开关打至电容测量挡,选择合适的量程。

③将万用表测试笔接在被测电容两端。

④读出显示屏上数字。数字式万用表显示选用“C×200 μF”挡测量,显示为“21.70”,则

被测电容值为 21.7 μF,如图 2-7 所示。

图 2-7 电容的测量

2. 操作过程中的注意事项

(1)测量前,先检查红、黑表笔连接的位置是否正确。

(2)在表笔连接被测电路之前,一定要查看所选量程与测量对象是否相符,否则,误用挡位和量程,不仅得不到测量结果,还会损坏万用表。读数时若显示的是数字“1”,则表明测量值大于所使用的量程,需选择更大量程并重新测量。

(3)测量时,手指不要触及表笔的金属部分和被测元器件。

(4)测量中若需转换量程,必须在表笔离开电路后才能进行,否则选择开关转动产生的电弧易烧坏选择开关的触点,造成接触不良的事故。

(5)在实际测量中,经常要测量多种数据,每一次测量前要注意根据每次测量任务把选择开关转换到相应的挡位和量程。

(6)测量完毕,功能开关应置于交流电压最大量程挡或关闭电源。

二、兆 欧 表

兆欧表又称摇表,是电工常用的一种测量仪表,主要用来测量电气设备或供电线路的绝缘电阻值,是一种可携带式的仪表,兆欧表的表盘刻度以兆欧(MΩ)为单位。兆欧表由一个手摇发电机、表头和三个接线柱(即 L:线路端、E:接地端、G:屏蔽端)组成,如图 2-8 所示。

(一)选用方法

选用兆欧表主要是选择其电压及测量范围,高压电气设备需使用电压高的兆欧表,低压电气设备需使用电压低的兆欧表。

一般选择原则是:在无特殊规定时,设备的工作电压在 500 V 及以下的使用 500 V 的兆欧表测量,若选用高电压的兆欧表可能会损坏被测设备的绝缘;在 500 V 以上 3 000 V 以下的使用 1 000 V 的兆欧表测量;在 3 000 V 及以上的使用 2 500 V 兆欧表测量。

(二)准备工作

1. 在使用之前应检查兆欧表连接线的绝缘层是否完好,有无破损。

2. 检查兆欧表固定接线柱有无滑丝。

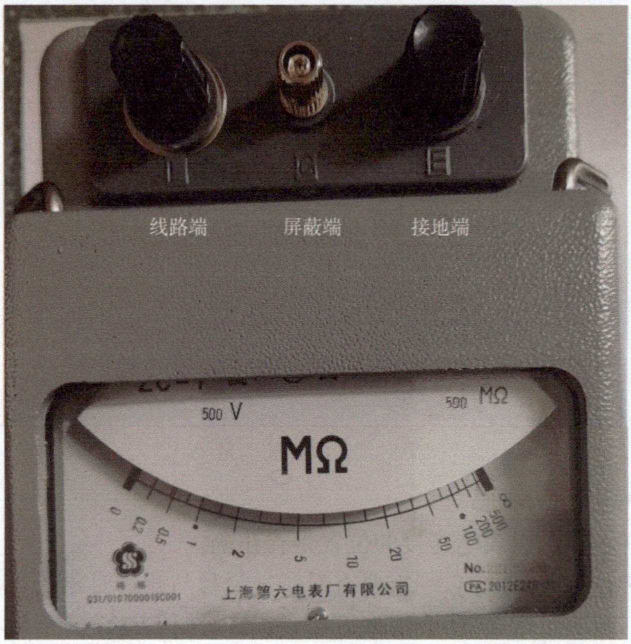

图 2-8 兆欧表

3. 开路试验。兆欧表置于水平台面，将连接线开路，以 120 r/min 转的速度摇动摇柄。在开路实验中，指针应该指到“∞”处(在开路实验过程中双手不能触碰线夹的导体部分，试验完成后，相互触碰线夹放电)，如图 2-9 所示。

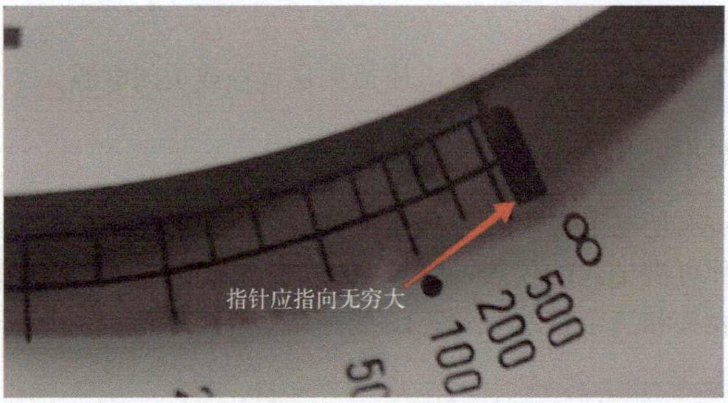

图 2-9 开路试验

4. 短路试验。以 120 r/min 的速度摇动摇柄，使 L 和 E 两接线桩输出线瞬时短接，短路试验中，指针应迅速指 0(在短路试验中，注意在摇动手柄时不得让 L 和 E 短接时间过长，否则将损坏兆欧表)。

(三)操作流程

1. 接线

(1)电动机绕组对地绝缘电阻测量接线，如图 2-10 所示。

(2)电动机绕组与绕组之间绝缘电阻测量接线，如图 2-11 所示。

图 2-10 绕组对地绝缘电阻测量接线

图 2-11 绕组与绕组之间绝缘电阻测量接线

2. 测量

(1)将被测设备与兆欧表正确接线。摇动手柄时应由慢渐快至额定转速 120 r/min。

(2)正确读取被测绝缘电阻值大小。必须边摇边读数,匀速转动后开始读数,如图 2-12 所示。

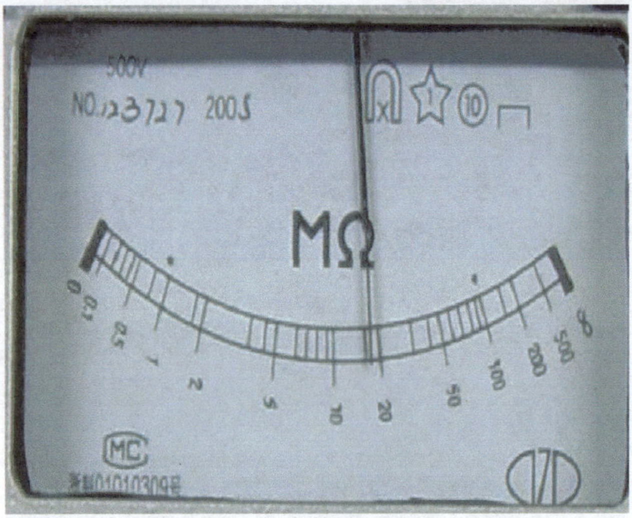

图 2-12 读数

3. 操作过程中的注意事项

(1)禁止在雷电时或高压设备附近测绝缘电阻,只能在设备不带电,也没有感应电的情况下测量。

(2)测量过程中,被测设备上不能有人工作。

(3)兆欧表接线不能互相干扰。

(4)兆欧表未停止转动之前或被测设备未放电之前,严禁用手触碰。拆线时,也不要触碰引线的金属部分。

(5)测量结束时,对于大电容设备要放电。

三、测 电 笔

测电笔,简称“电笔”,是一种常用的电工工具,用于检测电路中是否存在电流以及判断电路的大致电压范围,通常由笔尖、笔杆、笔尾组成。使用测电笔时,一定要用手触及测电笔尾部的金属部分,使带电体、测电笔、人体与大地形成回路。

(一)测量方法

测电笔根据结构不同,有以下两种握持方式,如图 2-13 所示。

测量时,先握好测电笔,再用笔尖接触待测对象。如果测电笔发亮或测电笔显示屏上显示数字,则证明线路中存在电压,如图 2-14 所示。

如果测电笔无反应,则线路中没有电压,如图 2-15 所示。

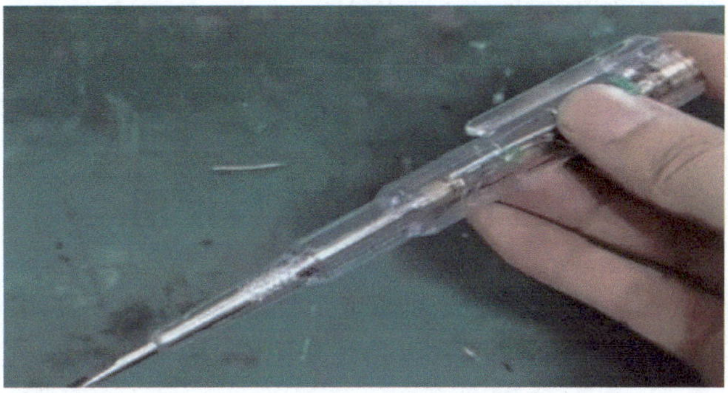

(a)

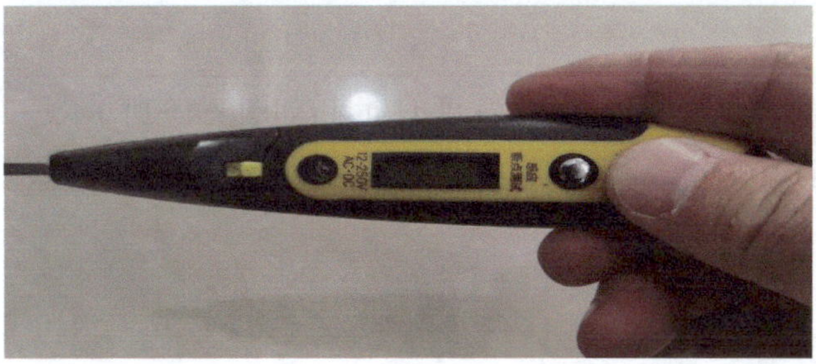

(b)

图 2-13 握持方式

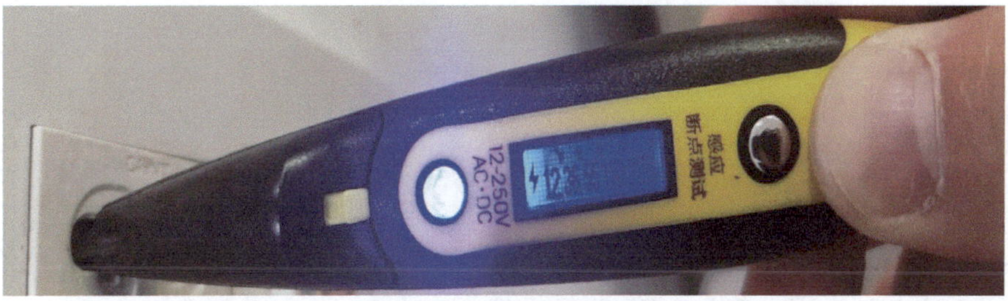

图 2-14 电压显示

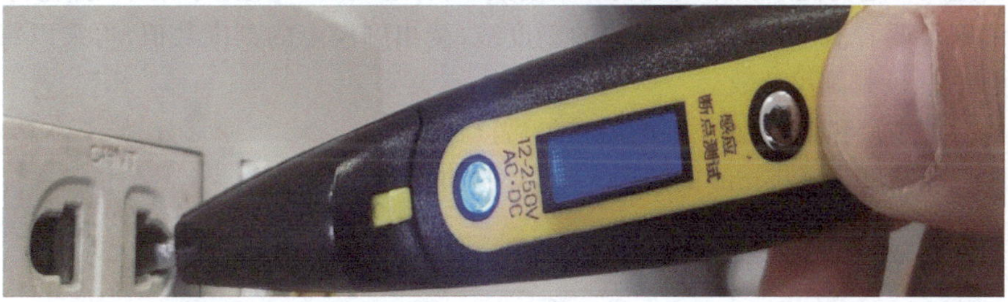

图 2-15 无电压显示

(二)注意事项

1. 使用测电笔前需进行必要的安全检查,确保测电笔本身的外壳完好无损,没有裂纹、破损等情况。

2. 使用测电笔时,需要确保自己和工作场所的环境都是干燥的。潮湿的环境可能导致电流通过人体产生电流通路,从而造成电击伤害。

3. 使用测电笔前,需要认真阅读并理解其使用说明书,熟悉其功能和使用方法,特别是针对不同的电压范围和电流强度的检测应注意的事项。

第三节 钳工工具使用

游标卡尺、水平尺、塞尺、千分尺等是机车电工日常检修工作中常用的钳工测量工具,这些工具一般用来精确测量工件的尺寸数据,熟练使用钳工工具是机车电工必须具备的基本技能。

一、游标卡尺

游标卡尺是一种测量长度、内外径、深度的量具,如图 2-16 所示。

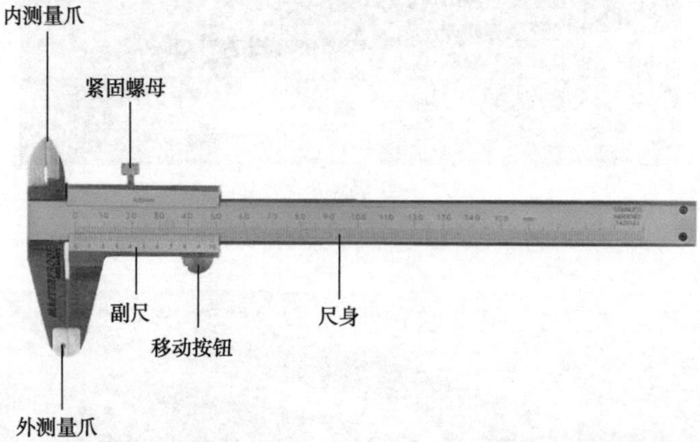

图 2-16 游标卡尺

(一)使用方法

1. 读数分为两步,先读主尺后读副尺。

2. 读主尺一定要注意从零刻度线开始读数,与普通刻度尺读数类似,不用估读。

3. 读副尺要看清主尺与副尺对齐的刻度线,读出副尺上的刻度数值,再乘以每小格对应的长度精度,就是副尺读数。

4. 最后把主尺和副尺数据相加,就是最后读数。

5. 我们以精度为 0.1 mm 的游标卡尺为例,如图 2-17 所示。

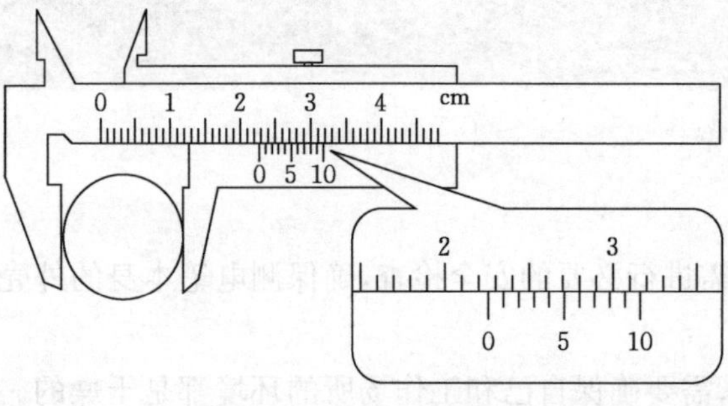

图 2-17 游标卡尺度数

(1)在放大图上我们能看到零刻线对着的主尺位置是 22 mm 多一些，主尺读数记为 22 mm；

(2)再来看副尺，为十分度尺，每个刻度的单位为 0.1 mm；

(3)通过刻度线的观察，发现第六刻度线与主尺刻度线对齐，副尺读数为 0.6 mm；

(4)因此，图中的读数结果就是 22 mm+0.6 mm，即为 22.6 mm。

(二)使用注意事项

1. 游标卡尺是精密的测量工具，要轻拿轻放，不得碰撞或跌落。

2. 测量前应把卡尺揩干净，检查卡尺的两个测量面和测量刃口是否平直无损，把两个量爪紧密贴合时，应无明显的间隙，同时游标和主尺的零位刻线要相互对准。

3. 移动尺框时，活动要自如，无锈蚀、碰伤、毛刺、镀层脱落及明显划痕，不应有过松或过紧，更不能有晃动现象。用固定螺钉固定尺框时，卡尺的读数不应有所改变。在移动尺框时，不要忘记松开固定螺钉，亦不宜过松以免掉落。

4. 在游标卡尺上读数时，应把卡尺水平地拿着，朝着亮光的方向，使人的视线尽可能和卡尺的刻线表面垂直，以免由于视线的歪斜造成读数误差。

二、水 平 尺

水平尺是利用液面水平的原理，以水准泡直接显示角位移，测量被测表面相对水平位置、铅垂位置、倾斜位置偏离程度的一种计量器具，如图 2-18 所示。

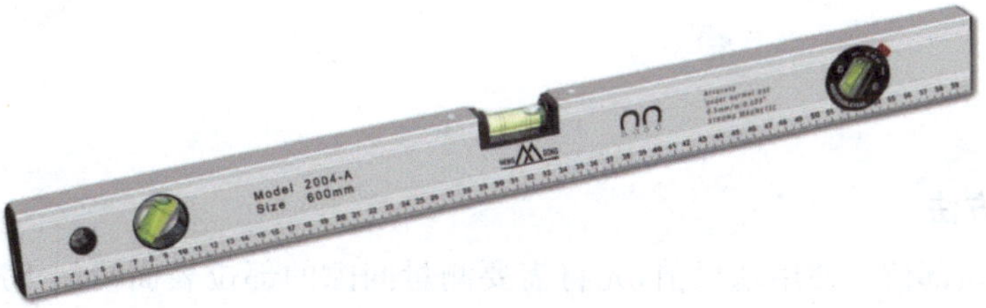

图 2-18 水平尺

(一)使用方法

1. 放置水平尺。将水平尺平稳地放置在需要测量的物体表面上。

2. 观察水准泡。观察水准泡内的气泡位置，来判断测量面是否水平。

3. 读取数据。如果水准泡在中间位置，说明测量面是水平的；如果水准泡偏向一侧，则表明测量面存在倾斜。根据水准泡偏离中心的程度，可以判断倾斜的程度和方向。

4. 多点测量。为了更准确地判断物体表面的水平状态，需要在不同位置进行多次测量，以确保测量结果的准确性。

5. 测量垂直。特定的水平尺还可以用于测量垂直状态，将水平尺旋转 90°，按照测量水平的方法进行操作，判断测量面是否垂直。

(二)使用注意事项

1. 测量前，应先认真清洁测量面，检查测量面是否有划伤、锈蚀毛刺等缺陷。

2. 测量时，应避免温度的影响，应注意阳光直射对水平尺的影响。

3. 使用时应垂直观察水准泡的位置，以减少视差对测量结果的影响。

三、塞　　尺

塞尺主要用来检查两结合面之间的缝隙。在每片尺片上都标注有其厚度,如图 2-19 所示。

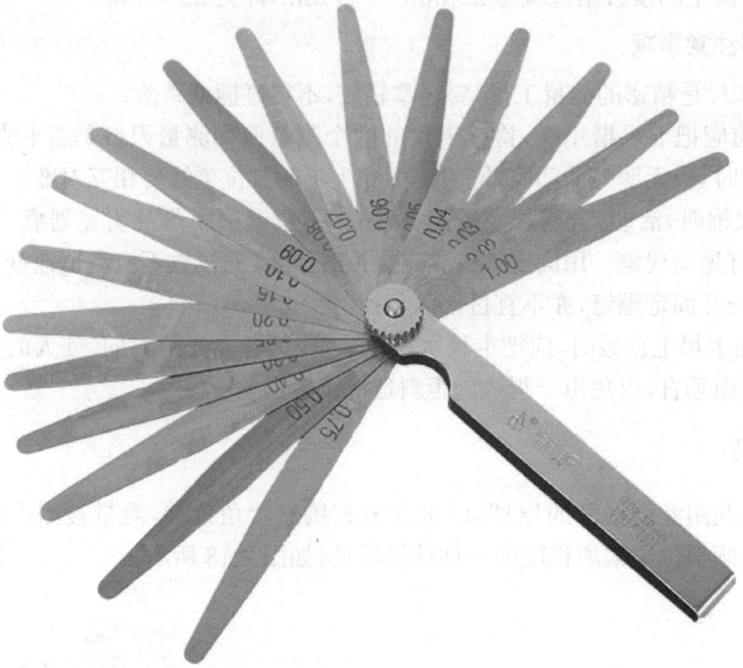

图 2-19　塞尺

(一)使用方法

1. 清洁测量部位。使用塞尺前,先将需要测量间隙的部位表面清洁干净,防止杂质影响测量结果。

2. 选择合适的塞尺片。根据预计的间隙大小,选择相应厚度规格的塞尺片,如果不能确定间隙大小,可先选择较薄的塞尺片进行初步测量。

3. 插入塞尺片。将塞尺片轻轻地插入被测间隙中,插入时应保持塞尺片与被测表面垂直,避免倾斜或弯曲。

4. 操作过程。在插入过程中,感受塞尺片受到的阻力。如果能轻松插入,说明间隙大于塞尺片厚度;如果插入困难,说明间隙小于塞尺片厚度;当塞尺片插入后,略有阻力但又能顺利通过,此时塞尺片的厚度接近间隙值。

5. 组合测量。如果单片塞尺片测量不能准确得出间隙值,可以使用多片塞尺片组合测量。将几片塞尺片叠加插入间隙,直到组合后的厚度接近间隙大小。

6. 读取数值。根据所使用的塞尺片的厚度,读取测量出的间隙数值。

(二)使用注意事项

1. 测量前观察塞尺有无弯折、生锈,清洁塞尺表面的灰尘和油污。

2. 根据间隙情况选用塞尺片数,但片数越少越好。

3. 测量时不能用力太大,以免塞尺遭受弯曲和折断。

复习思考题

1. 四色环电阻如何识别?
2. 什么是电容?电容极性如何分类?
3. 二极管的作用是什么?
4. 游标卡尺如何使用?
5. 兆欧表使用前怎样进行安全检查?

第三章　低压电器

低压电器是电力机车的重要组成部分，它对电能的产生、输送、分配起着开关、保护、控制、调节、检测及显示等作用。低压电器主要应用在电力机车控制电路和辅助电路中，是保障电力机车正常运行的重要组成部分。本章以HXD3C型电力机车低压电器为例，主要包括控制电源、司机控制器、有触点电器和电气线路等。

第一节　控制电源

电力机车控制电源主要包含DC 110 V电源装置和蓄电池组两个部分，机车控制电源由蓄电池组经蓄电池自动开关与DC 110 V电源装置并联向机车控制系统和照明回路提供DC 110 V电源。

一、结构组成

HXD3C型电力机车设有一个低压电源柜（包含DC 110 V电源装置和蓄电池组），如图3-1所示。提供机车所需的DC 110 V控制电源，同时蓄电池充电单元向蓄电池组充电。DC 110 V电源装置中有两组功率为11 kW的高频充电单元1（UR1）和充电单元2（UR2），充电单元的输入电源来自机车辅助变流器1（UA11）和辅助变流器2（UA12）的中间回路，UA11向UR1输入DC 750 V电源，UA12向UR2输入DC 750 V电源。

图3-1　HXD3C型电力机车低压电源柜

低压电源柜内部配件主要有功率单元、旁路接触器、电磁接触器、充电单元选择接触器、接线端子、仪表盘等，各配件实物如图 3-2 所示。

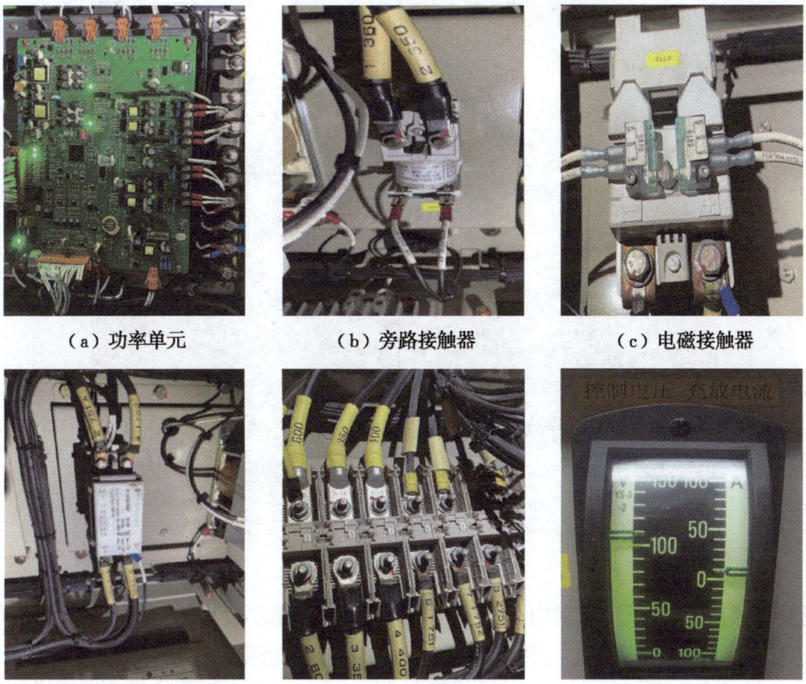

（a）功率单元　（b）旁路接触器　（c）电磁接触器

（d）充电单元选择接触器　（e）接线端子　（f）仪表盘

图 3-2　低压电源柜内部配件

二、工作原理

1. 低压电源柜工作原理

充电单元 1(UR1)和充电单元 2(UR2)同时工作，UR1 给蓄电池充电，UR2 给机车的控制电路输送 DC 110 V。当其中一组充电单元故障后，充电单元控制系统经过自动切换，转由另一组充电单元给整车控制电路供电及蓄电池充电。

机车设有一个外接的蓄电池充电插座 XSC3，如图 3-3 所示。当蓄电池组亏电严重，低于机车电器的最低控制电压，不能保证电源模块的正常工作时，作为蓄电池的备用充电插座，或机车调试检修时的外接电源的引入插座。

2. 控制电源的分配

机车控制电源由蓄电池电压经蓄电池自动开关 QA61 后与 DC 110 V 电源装置并联提供。

控制电路自动开关主要包括微机Ⅰ控制自动开关 QA41、微机Ⅱ控制自动开关 QA42、司机控制Ⅰ自动开关 QA43、司机控制Ⅱ自动开关 QA44、机车控制自动开关 QA45、主变流器自动开关 QA46、辅助变流器自动开关 QA47、列车供电柜Ⅰ自动开关 QA48、列车供电柜Ⅱ自动开关 QA49、制动柜自动开关 QA50、辅助设备自动开关 QA62、自动过分相自动开关 QA52、司机室照明自动开关 QA53、机械间照明自动开关 QA54、车外照明自动开关 QA55、监控系统自动开关 QA56，信号系统自动开关 QA57、机车电台自动开关 QA58、直流加热自动开关 QA62、头灯自动开关 QA51、电源装置自动开关 QA63 等。

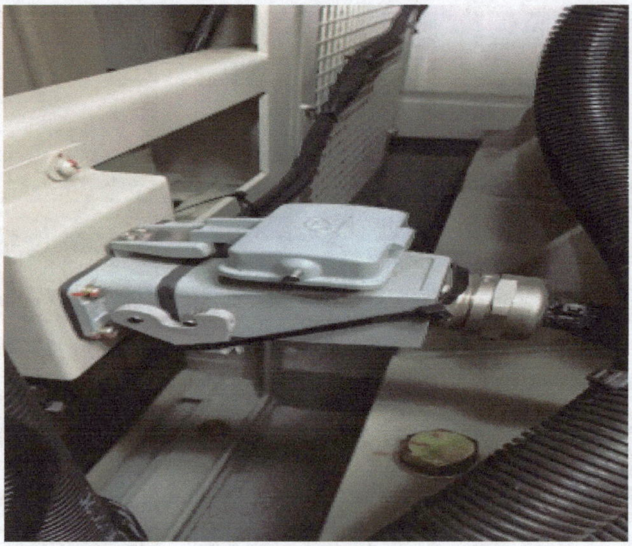

图 3-3　充电插座

在两端操纵台上设置了控制电源电压表 1 和电压表 2，如图 3-4 所示，用于随时监视控制电源的电压情况，并且通过微机显示屏也可监视控制电源的电压情况。

图 3-4　操纵台控制电源电压表

3. DC 110 V 电源装置的控制

110 V 电源装置可以通过 RS-485 网络向机车控制系统 TCMS 提供故障信息及输出电压、电流和蓄电池充放电电流等状态信息，并通过微机显示屏进行信息提示。

当 110 V 电源装置发生故障时，不仅通过 RS-485 网络向机车控制系统 TCMS 发出具体故障内容，同时也通过硬线向机车控制系统 TCMS 发送故障信号。

4. 控制电路的监测与保护

110 V 电源装置输出电流及蓄电池组充放电电流的监测低压电源柜可采集、监测 110 V 电源装置输出电流、蓄电池充放电电流等信号，并将这些信号通过网络传送到微机显示屏，供司机查看；并在低压电源柜上设有控制电压表及蓄电池充放电电流表，方便查看。

5. 控制电源的低电压保护

机车控制系统具有控制电源的低电压保护功能，共分两级。当控制电压低于 88 V 时，低压电源柜处蜂鸣器发声报警，同时微机显示屏弹出低压故障预警信息，状态显示模块"蓄电池亏电"灯亮；当控制电压低于 77 V 时，控制系统断电保护。

第二节　司机控制器

司机控制器是司机用来操纵机车运行的主令控制器，是利用控制电路的低压电器间接控制主电路的电气设备，达到控制机车的运用工况和行车速度的目的。本节主要对 HXD_{3C} 型电力机车使用的 S640U-BCC.005 型司机控制器进行介绍，如图 3-5 所示。该司机控制器具有结构紧凑、体积小、重量轻、高可靠、长寿命、少维修或免维修和夜间挡位显示功能等特点。

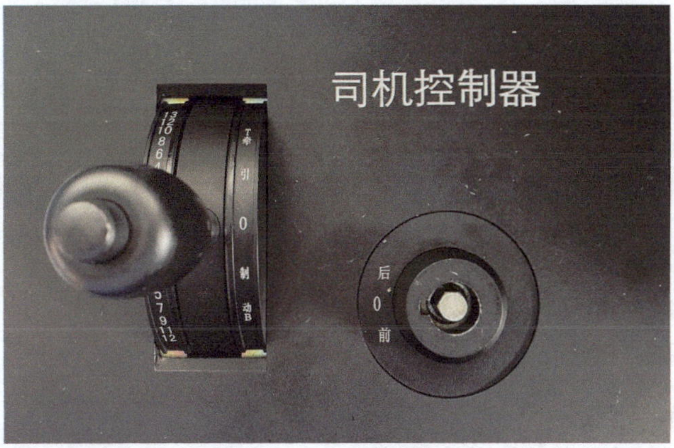

图 3-5　司机控制器

一、结构组成

司机控制器设有控制手柄、换向手柄、牵引联锁按钮，控制手柄设有牵引区域、0 位、制动区域，换向手柄设有后位、0 位、前位。

司机控制器主要由控制手柄座组件、换向手柄组件、凸轮组件、面板、安装板、滚轮弹片组件、发光片组件、左挡位支座、右挡位支座、速动开关、电位器、逆变器、20 芯插座、20 芯插头组成。

1. 控制手柄座组件如图 3-6 所示。
2. 换向手柄组件如图 3-7 所示。
3. 凸轮组件如图 3-8 所示。

4. 滚轮弹片组件如图 3-9 所示。

图 3-6　控制手柄座组件

图 3-7　换向手柄组件

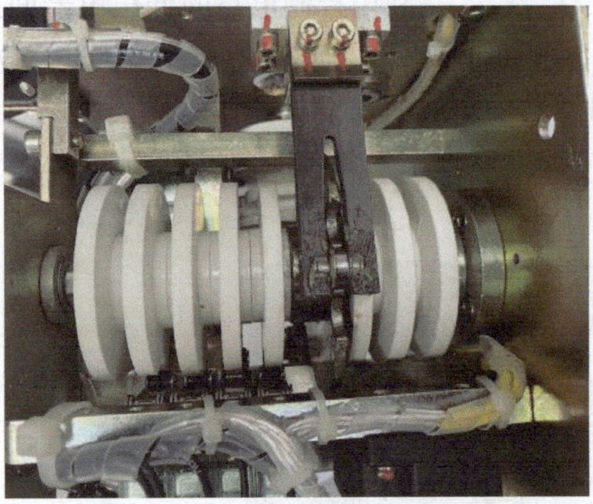

图 3-8　凸轮组件

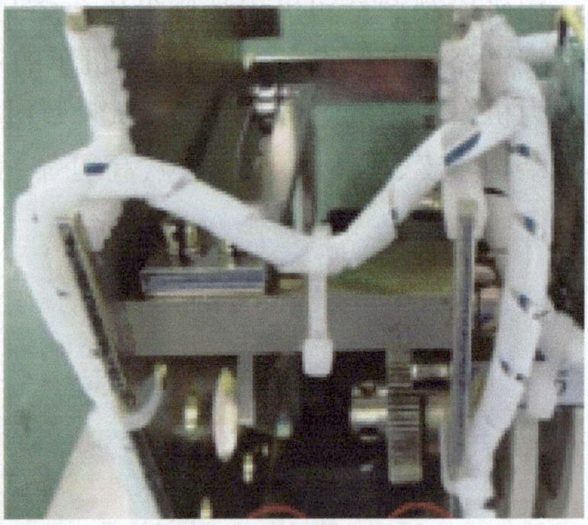

图 3-9　滚轮弹片组件

5. 速动开关如图 3-10 所示。
6. 电位器如图 3-11 所示。

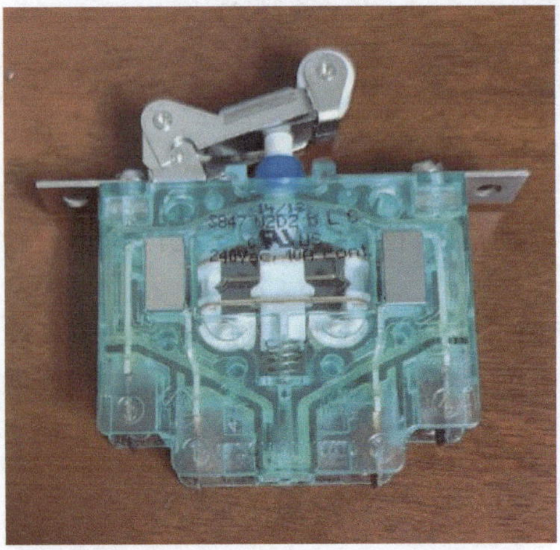

图 3-10　速动开关

图 3-11　电位器

7. 逆变器如图 3-12 所示。

8. 20 芯插座如图 3-13 所示。

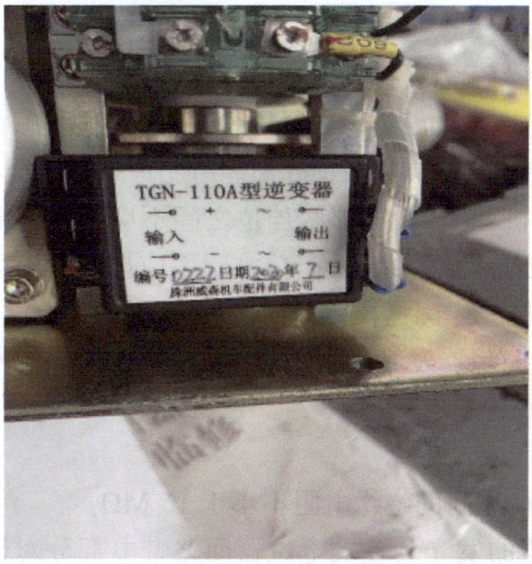

图 3-12 逆变器

图 3-13 20 芯插座

9. 20 芯插头如图 3-14 所示。

图 3-14 20 芯插头

二、工作原理

司机控制器的面板上有控制手柄、换向手柄和牵引联锁按钮三种可操作机构。控制手柄有 0 位、牵引指示挡位“＊-2-4-6-8-10-12-13”和制动指示挡位“＊-1-3-5-7-9-11-12”；换向手柄有“后”“0”“前”三个挡位。

司机控制器的控制手柄挡位为无级调节、换向手柄在所有挡位有定位。在牵引工况下控制手柄向前推，在制动工况下控制手柄向后拉，通过齿轮传动带动驱动电位器调节输入到电子柜的电压指令，从而达到调节机车牵引力和电阻制动的目的。

控制手柄和换向手柄之间相互机械联锁，控制手柄在 0 位自锁。

控制手柄是固定式，换向手柄是可取式，且只能在 0 位插入或取出。换向手柄同时也是辅助司机控制器的控制手柄，这样整台机车的司机控制器合用一只换向活动手柄，从而保证了机车在运行中，只能操作一台司机控制器，其余均被锁在 0 位，不致引起电路指令发生混乱。

三、检修维护

(一)检修与维护内容

1. 司机控制器各部件应清扫干净,绝缘性能良好,对外连接插座连接正确,零部件齐全完整。司机控制器的铭牌及标识符号应齐全、完整、清晰、正确。各紧固件齐全,紧固状态良好。在司机控制器的各个转动部位加注 6 号汽油机油,在机械联锁处加润滑脂。

2. 控制手柄在各个挡位之间应转动灵活,无机械卡阻,相邻两挡位之间不应出现停滞现象。换向手柄在各个挡位之间应转动灵活,无机械卡阻,相邻两挡位之间不应出现停滞现象,且手柄在 0 位时,应顺利卸下。司机控制器控制、换向手柄之间的联锁关系应正确无误。

3. 司机控制器电位器输出应符合规定。司机控制器发光装置应发光均匀,无闪烁或不发光现象。

4. 司机控制器的绝缘应符合以下要求:

(1)用 500 V 的兆欧表进行测量,带电部分与地之间的绝缘电阻不小于 10 MΩ。

(2)检修后应进行绝缘介电强度试验。司控器的发光装置及电位器回路带电部分对地施以 50 Hz、500 V,正弦波交流电 1 min,应无击穿、闪络现象。司机控制器其余相互绝缘的带电部分之间及对地应能承受工频试验电压 1 500 V、1 min,无击穿和闪络现象。

5. 司机控制器耐压试验应单独进行,整车耐压试验时应将司机控制器插头拔下,避免电位器及发光装置的损坏。

(二)速动开关的更换方法

速动开关为司机控制器重要组成部分,用于间接控制机车主电路和辅助电路的通断,实现控制机车的目的。

速动开关如确有严重烧损和动作不灵活者,应更换该速动开关。更换时,注意速动开关型号和速动开关滚轮的安装方向。更换时,按以下方法进行:

1. 准备工具。相关规格型号的螺丝刀等工具。

2. 断电操作。确保司机控制器处于断电状态,以避免触电危险。

3. 标记接线。在拆卸速动开关之前,仔细标记或记录每个接线的位置,以确保在安装新速动开关时能够正确连接。

4. 拧下固定螺钉。使用合适的螺丝刀拧下固定速动开关的螺钉。

5. 取出旧速动开关。小心地将旧的速动开关从安装位置取出。

6. 安装新速动开关。将新的速动开关放置在原来的位置上,并确保安装牢固。

7. 按照标记连接接线。根据之前的标记,将各个接线连接到新速动开关的相应位置。在连接时,要确保接线牢固,接触良好。

8. 检查安装。检查速动开关的安装是否正确,接线是否牢固。

9. 恢复相关部件。将之前拆卸的部件或外壳重新安装好。

10. 通电测试。在完成安装后,进行通电测试,检查速动开关是否正常工作,相关设备的功能是否恢复正常。

(三)电位器输出值整定及电位器更换方法

电位器是司机控制器挡位控制关键零件,对机车运用影响较大。

1. 电位器测量方法及要求

电位器管脚 11 与 13 短接,电位器管脚 11 或 13、10 端加电压 DC(24±0.1) V(11 或 13 正、10 负),测量 12、10 输出电压。

(1)控制手柄在 0 位到 * 位时,输出电压小于等于 0.1 V。

(2)控制手柄在牵引 13 位和制动 12 位时,输出电压值大于等于 23.6 V,对称误差小于等于 0.3 V。

(3)控制手柄从牵引 * 位转动至牵引最大位过程中,输出电压值呈线性增加。

(4)控制手柄从制动 * 位转动至制动最大位过程中,输出电压值呈线性增加。

如果输出值不符合以上规定,需要对电位器的输出值进行整定,使输出电压符合规定值。若电位器无法整定出符合要求的输出值,则须更换电位器。整定电位器输出值或更换电位器时,按以下方法进行。

2. 整定方法

(1)使用内六方扳手将连接凸轮组件一侧的旋转板上的紧定螺钉拧松。

(2)缓慢转动电位器旋转轴同时测量输出电压,使输出电压符合规定值。

(3)在整定完成后,在紧定螺钉处加螺纹胶紧固。

3. 更换方法

(1)使用一字螺丝刀拆除电位器上的接线。

(2)使用内六方扳手将连接电位器一侧的旋转板上的紧定螺钉拆下。

(3)使用内六方扳手将电位器安装板连同电位器从司控器中拆下。

(4)使用内六方扳手将电位器从电位器安装板上拆下。

(5)将新的电位器安装在电位器安装板上并拧紧安装电位器的螺钉。

(6)将旋转板安装在电位器的旋转轴上,在紧定螺钉处加螺纹胶紧固。

(7)将装有新电位器的电位器安装板安装在司控器中并拧紧安装电位器安装板的螺钉。

(8)恢复电位器的接线并拧紧接线螺钉,接线时须符合要求。

(9)按上述整定方法整定电位器的输出值。

第三节　有触点电器

电力机车上使用的有触点电器主要包括接触器、继电器、开关和断路器等,有触点电器由触头开闭来实现电路的通断功能。

一、接 触 器

(一)结构组成

接触器一般由电磁系统、触头系统、灭弧装置、释放弹簧及基座等部分构成。其中电磁系统包括线圈、铁芯和衔铁,用来操纵触点的闭合与分断;触头系统包含用于接通、切断主电路的主触头和用于控制电路的辅助触头;灭弧装置则用于迅速切断主触头断开时产生的电弧,以免使主触头烧毛、熔焊。本节以 AF400-30-11 型和 AF110-30-11 型接触器为例进行介绍,主要参数见表 3-1。接触器外形结构如图 3-15 所示。

表 3-1 接触器的主要参数

型号	AF400-30-11	AF110-30-11
数量	3 个/台	2 个/台
主触头	3 常开	3 常开
额定电压	AC 400 V	AC 400 V
额定电流	AC-3,400 A	AC-3,110 A
辅助触头	1 常开 1 常闭(可扩展)DC-13,DC 125 V,0.55 A	1 常开 1 常闭(可扩展)DC-13,DC 125 V,0.55 A
线圈电压	48～130 V	48～130 V
线圈消耗	吸合 990 W,保持 4 W	吸合 400 W,保持 2 W

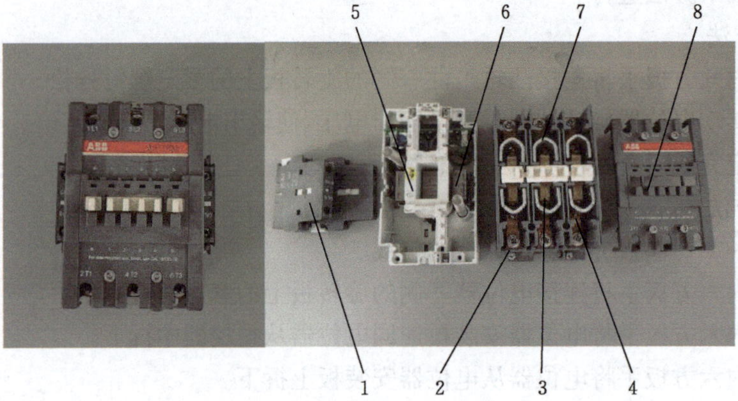

1—辅助触头;2—接线端子;3—动触头;4—静触头;5—线圈;6—铁芯;7—灭弧罩;8—罩盖。

图 3-15 接触器的外形与结构

(二)工作原理

当接触器线圈通电时,铁芯被磁化,产生电磁吸力吸引衔铁向下运动,使得常闭触头断开,常开触头闭合。当线圈断电时,磁力消失,在弹簧反作用力的作用下,衔铁回到原来位置,触头也恢复到原来状态。

在实际运行过程中,交流接触器的电磁机构衔铁不仅受释放弹簧及其他机构阻力的作用,还受交流励磁电流过零时的影响,使衔铁振动,发出噪声。为消除振动和噪声,通常会在铁芯上加装短路环。加装短路环后,交变磁通的一部分通过短路环,在短路环中产生感应电流,该电流在短路环中也会产生磁通,使得短路环中的磁通与原磁通的相位不同,不会同时过零,从而使铁芯始终吸引衔铁,显著减小振动和噪声。

(三)维护保养

1. 准备工作

准备好所需的工具,如螺丝刀、扳手、万用表、兆欧表、清洁工具等。确保在断电状态下进行维护保养工作,并且在电源开关处设置“禁止合闸”的警示标志。

2. 外部检查与清洁

使用干净的软布、刷子清除接触器表面的灰尘和污垢。检查安装是否牢固,固定螺栓是否松动,如有应拧紧。检查外壳是否有损坏、变形、裂纹等情况,如有应及时更换。

3. 触点检查与清洁

拆开接触器外壳，检查触点的表面状况。正常的触点表面应该光滑、平整，无烧蚀、磨损、氧化等现象。如果触点表面有轻微的氧化或污垢，可以使用细砂纸轻轻打磨，然后用软布擦拭干净。如果触点表面有严重的烧蚀或磨损，应及时更换触点。

4. 电磁系统检查

检查铁芯表面是否平整、清洁，有无锈蚀、变形等现象。检查铁芯的吸合面是否平整，有无异物附着。检查电磁线圈的绝缘是否良好，有无破损、短路、断路等现象。检查线圈的接线是否牢固，有无松动、脱落等现象。

5. 动作机构检查

检查接触器的动作机构是否灵活，有无卡滞、变形等现象。检查复位弹簧是否正常，有无变形、断裂等现象。

6. 电气性能测试

使用万用表测量接触器的线圈电阻，与标称值进行比较，误差应在允许范围内。给接触器的线圈施加额定电压，检查接触器的吸合是否正常，触点的接触是否良好。断开线圈电压，检查接触器的释放是否正常，有无延迟释放等现象。

7. 组装与调试

将检查和清洁后的部件按照正确的顺序组装好，确保安装牢固。对组装好的接触器进行调试，检查其动作是否灵活、可靠，触点的接触和断开是否正常。

8. 维护保养后注意事项

维护保养工作完成后，清理现场的工具和杂物，确保无遗漏。去除电源开关处的警示标志，合上电源开关，进行试机运行，观察接触器的工作状态是否正常。将维护保养的内容、时间、结果等记录在设备维护保养记录簿中，以便日后查阅和参考。

二、继电器

继电器种类繁多，以下以中间继电器为例进行介绍。

(一)结构组成

中间继电器的结构组成包括电磁机构、触点机构、复位弹簧、衔铁、外壳与基座。

电磁机构由线圈和铁芯两部分组成，线圈用于产生电磁场，当线圈中通以一定电流时，会产生磁力；铁芯由导磁材料制成，增强线圈产生的磁场强度，提高电磁吸力。

触点机构有常开触点和常闭触点两种形式，常开触点在继电器未动作时处于断开状态，当继电器动作后闭合；常闭触点在继电器未动作时处于闭合状态，当继电器动作后断开。

复位弹簧的作用是在电磁力消失后，使衔铁和动触点恢复到初始位置。衔铁在线圈产生的电磁力作用下运动，从而带动触点动作。

外壳用于对内部结构起到防护、防尘、防潮和绝缘的作用；基座用于安装固定电磁机构、触点系统等部件，保证继电器整体结构的稳定性和可靠性。

(二)工作原理

中间继电器的工作原理同样是基于电磁原理。当给中间继电器的线圈施加额定电压时，线圈中有电流通过，从而产生电磁效应。中间继电器通过控制线圈的通电与断电，实现触点的开闭动作,以达到控制和传递信号的目的。

线圈产生的磁场使铁芯磁化,铁芯产生的电磁吸力克服弹簧的反作用力,吸引衔铁向铁芯方向运动。衔铁的运动带动动触点动作,使常开触点闭合,常闭触点断开,从而实现电路的通断切换。当线圈断电时,电磁吸力消失,衔铁在弹簧的反作用力下回到初始位置,动触点也随之复位,常开触点恢复断开状态,常闭触点恢复闭合状态。

(三)维护保养

1. 准备工作

准备好所需的工具,如螺丝刀、扳手、万用表、兆欧表、清洁工具等。确保在断电状态下进行维护工作,并在电源处设置明显的“禁止合闸”标识。

2. 外观检查

检查继电器外壳有无破损、变形、污垢等情况。如果有污垢,使用干净的干布进行清洁。查看继电器的安装是否牢固,固定螺丝有无松动现象,如有松动需拧紧。

3. 内部清洁

小心打开继电器外壳,使用压缩空气或软毛刷清除内部的灰尘和杂物。对于触点部位的污垢,可使用无水酒精或专用清洁剂进行清洁,但要确保清洁后触点干燥。

4. 触点检查

检查触点表面是否平整、光滑,有无烧蚀、磨损、氧化等现象。使用万用表的电阻挡测量触点的接触电阻,正常情况下接触电阻应小于一定数值。如果接触电阻过大,可能需要对触点进行修整或更换。

5. 线圈检查

使用万用表测量线圈的直流电阻,将测量值与标准值进行比较,判断线圈是否存在断路、短路等故障。使用兆欧表测量线圈的绝缘电阻,绝缘电阻应大于一定数值,以确保线圈的绝缘性能良好。

6. 动作性能检查

给线圈施加额定电压,观察继电器的动作是否灵活、迅速,有无卡滞、抖动等现象。检查继电器的吸合电压和释放电压是否在规定范围内。

7. 维护保养后处理

保养完成后,将继电器的外壳安装好,确保安装牢固。去除电源处的“禁止合闸”标识,恢复供电,对继电器进行试运行,观察其工作状态是否正常。

三、其他有触点电器

(一)按钮开关

电力机车上常见的按钮开关有无人警惕装置按钮和风笛按钮,如图 3-16 和图 3-17 所示。

(二)扳键开关

电力机车上使用的扳键开关集中在司机室操纵台上,通过安装支架组装成扳键开关组件,使用连接器与操纵台线束进行连接,可实现快速安装以及扳键开关的集中检修。扳键开关组件如图 3-18 所示。

图 3-16 无人警惕按钮

图 3-17 风笛按钮

图 3-18 扳键开关组件

(三)选择开关

电力机车上使用的选择开关常见的有受电弓选择开关、受电弓隔离选择开关、操纵台电气设备电源开关等,如图 3-19 所示。

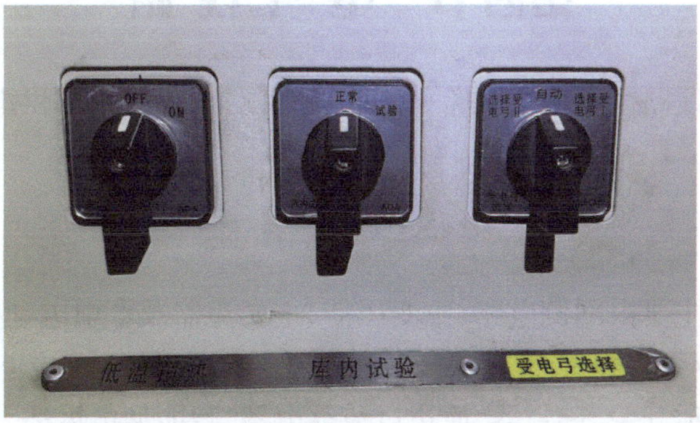

图 3-19 选择开关

(四)控制断路器

电力机车控制断路器主要用于电气线路电源供给和短路、过载保护,布置在电气控制柜上,如图 3-20 所示。

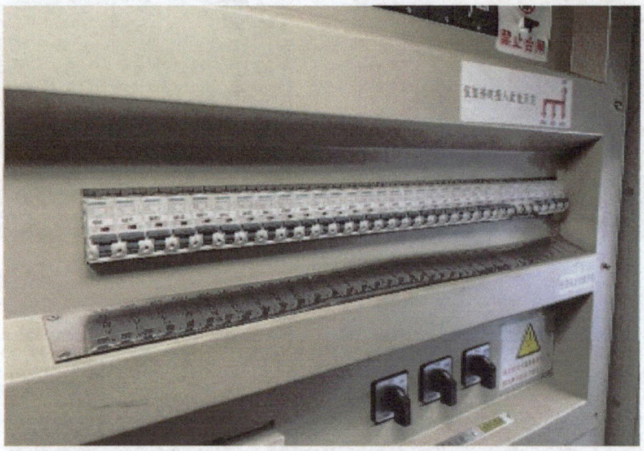

图 3-20 控制断路器

(五)辅助风机断路器

电力机车辅助风机断路器主要用于辅助风机电源供给和短路、过载保护,布置在电气控制柜上,如图 3-21 所示。

图 3-21 辅助风机断路器

第四节 电 气 线 路

电力机车的电气线路主要由主电路、辅助电路、DC 600 V 列车供电电路、控制电路和机车安全监控电路组成。

一、主 电 路

电力机车主电路主要由网侧电路、主变压器、主变流器及牵引电动机等组成。

网侧电路由受电弓、高压隔离开关、高压电流互感器、低压电流互感器、高压电压互感器、主断路器、高压接地开关、避雷器、原边过流继电器、智能型电度表、主变压器原边绕组及接地装置等组成。

接触网电流通过受电弓进入机车，经 25 kV 高压电缆进入车内并经高压柜内的高压隔离开关和主断路器的主触点相连，并穿过高压电流互感器与主变压器的原边绕组 A 端子相连，经过主变压器原边绕组，从 X 端子流出，再穿过低压电流互感器后，通过六个并联的接地装置，经轮对回流至钢轨。

二、辅助电路

电力机车辅助电路主要包括三相辅助供电电路和辅助加热电路。

(一)三相辅助供电电路

三相辅助供电电路由辅助变流器、辅助滤波装置、电磁接触器、自动开关、辅助电机等组成。

1. 辅助变流器

电力机车设有两组独立的三相辅助电源，每组电源由辅助变流器、滤波电抗器、滤波电容、接触器、自动开关及对应辅机等构成。

辅助变流器有变频变压 VVVF 和定频定压 CVCF 两种工作方式，可以依据连接的辅助电动机情况进行设置。机车正常运行时，辅助变流器 1 工作在变频变压方式，辅助变流器 2 工作在定频定压方式，分别为机车辅助电机供电。每一台辅助变流器的额定容量是按照独立带整车辅机的情况设计的，因此正常情况下，辅助变流器基本上以 50%的额定容量工作。

当某一套辅助变流器发生故障时，不需要切除任何辅助电机，另一套辅助变流器可以承担机车全部的辅助电机负载。此时，该辅助变流器按照定频定压方式工作，辅助电机系统按全功率运行，从而确保机车辅助电机供电系统的可靠性。

2. 辅助电机

电力机车上的各辅助电机均通过各自的自动开关与辅助变流器连接，除两台空气压缩机外，均不设电磁接触器，使得辅助电机电路更简化、更可靠。当辅助变流器采用软启动方式进行启动，除空气压缩机电机外，其他辅助电机也随之启动。空气压缩机的启动受电磁接触器的控制，电磁接触器受机车司机控制扳键开关和总风缸空气压力继电器的控制。

(二)辅助加热电路

电力机车辅助加热装置主要有电热玻璃、脚炉、后墙暖风机等，它们均由辅助变流器通过隔离变压器进行供电。

在脚炉、后墙暖风机支路上设置了功能转换开关，进行投入和切除转换，并设置了空气自动开关进行过流保护。

在电热玻璃支路上设置了功能转换开关，进行投入和切除转换，并设置了空气自动开关进行过流保护。

在微波炉支路上设置了功能转换开关，进行投入和切除转换，并设置了空气自动开关进行过流保护。另外，分别在两个司机室设置了电源插座和在机械间中间走廊中部设置了一个电源插座，提供 220 V 交流电源。

三、DC 600 V 列车供电电路

为满足电力机车牵引客运车辆的需要，机车设有 DC 600 V 供电电路。该电路主要由两

个 DC 600 V 电源柜和供电连接器组成。其输入电源分别由主变压器的两个辅助绕组供电，经过整流单元整流后，在得到供电允许指令后可向客车车辆输出 DC 600 V 电源。

四、控制电路

(一)控制系统概述

电力机车的控制系统是以微机控制系统为核心，结合目前国内现有的行车安全综合信息监控系统和电控制动系统，配以机车外围电路来进行设计的。微机控制系统主要功能是实现机车特性控制、逻辑控制、故障监视和诊断，并将有关信息送到司机操纵台上的微机显示屏。微机控制系统包括一个主控制装置和两个显示单元，其中主控单元采用冗余设计，设有两套控制环节，一套为主控制环节，一套为热备控制环节。当主控制环节发生故障时，备用控制环节立即自动投入工作。

(二)机车控制电路

1. 控制电源电路

电力机车 DC 110 V 控制电源采用的是高频电源模块与蓄电池并联，共同输出的工作方式，再通过自动开关分别送到各条支路，如微机控制、机车控制、主变流器、辅助变流器、车内照明、车外照明等。

(1)DC 110 V 电源装置的组成

电源装置电气组成可以分为四大部分，分别是：电源输入电路、预充电电路、DC110 V 输出电路和控制电路。高频电源模块的输入电源来自辅助变流器的中间直流回路，当辅助变流器均正常工作时，由辅助变流器 2 向高频电源模块输入 DC 750 V 电源。当辅助变流器 2 故障时，转由辅助变流器 1 向高频电源模块输入 DC 750 V 电源，DC 110 V 控制电源含两组电源模块，通常只有一组工作，故障发生时另外一组自动启动。

(2)DC 110 V 电源装置的控制

电源装置上设有转换开关，转换开关有自动位、关位、单元 1 位和单元 2 位。当转换开关置于自动位时，如果其中一组模块出现故障，微机可自动切换；当转换开关置单元 1 位时，表示单元 1 工作；当转换开关置单元 2 位时，表示单元 2 工作，但在手动状态下，若电源出现故障则不能自动切换。

2. 司机主要指令控制

(1)电钥匙

电钥匙有两个位置，当置合位时，电钥匙所在司机室即被设定为操纵端。

(2)司机控制器

司机控制器有两个手柄，分别为方向手柄和调速手柄。方向手柄用来选择机车运行方向，调速手柄用来调节机车牵引力和制动力的大小。

(3)受电弓扳键开关

该扳键开关为自复式，当置升弓位时，受电弓电空阀线圈得电，在空气管路压力正常的前提下，受电弓升起，当置降弓位时，受电弓降下。

(4)主断路器扳键开关

该扳键开关为自复式，正常位置是 0 位。当开关置主断合位时，如果主断路器闭合的相关逻辑正常，主断路器线圈得电，在空气管路压力正常的前提下，主断路器闭合；当扳键开关置主断分位时，主断路器线圈失电，主断路器分断。

(5)空气压缩机扳键开关

在辅助变流器工作的前提条件下，当开关置合位，并且总风缸风压低于 680 kPa 时，空气压缩机 1、2 投入工作；当总风缸风压高于 900 kPa 时，空气压缩机 1、2 停止工作；当总风缸风压低于 750 kPa 时，此时只有非操纵端空气压缩机工作。当开关置 0 位，空气压缩机接触器失电分断，空气压缩机停止工作。若自动控制功能失效时，可以将扳键开关置强泵位，强制空气压缩机 1、2 投入工作。

3. 司机其他指令控制

司机其他指令控制包括警惕装置控制、机车故障复位操作、紧急制动操作、过分相操作、定速控制操作。

(1)警惕装置控制

当速度超过 30 km/h 时，每 1 min 内，应按压警惕按钮或踩警惕装置开关一次。警惕装置重新进入监视状态。超过 1 min 未按，警惕装置进入报警状态，蜂鸣器响起，延时 10 s，机车进入紧急制动状态。

(2)机车故障复位操作

当机车正常运行中发生牵引变流器故障不能自行恢复时，故障信息在司机室微机控制系统显示屏中显示出来，司机可以根据提示，通过按动故障复位按钮，将信号送到牵引变流器，实现牵引变流器故障的恢复。

(3)紧急制动操作

当机车需要实施紧急制动时，可以按下紧急制动按钮，该按钮为自锁按钮，首先分断主断路器，停止主变流器、辅助变流器的工作，同时机车进入紧急制动状态，实施列车紧急空气制动。

(4)过分相操作

在机车正常运行过程中，如快到分相区时，可按动过分相按钮，将信号送到微机控制系统，机车进入半自动过分相状态。

(5)定速控制操作

当机车速度大于等于 15 km/h 时，且机车未实施空气制动时，若按下“定速控制”按钮，此时的机车运行速度被确定为“目标速度”，机车进入“定速控制”状态。

4. 逻辑与保护控制

机车逻辑控制和保护电路主要是将各自动开关的状态指令送入微机控制系统，用于机车的各种工作逻辑及保护逻辑控制，并通过微机控制系统与主变流器和辅助变流器之间的通信，将控制指令信息送到主变流器和辅助变流器，从而达到整车联控的目的。

(1)牵引通风机保护电路

断开辅助电路的牵引通风机电路，将信号送入微机控制系统，故障显示灯亮，同时微机显示屏显示牵引通风机 1 或 2 故障。

(2)冷却塔风机保护电路

断开辅助电路的冷却塔风机电路，将信号送入微机控制系统，故障显示灯亮，同时微机显示屏显示冷却塔风机 1 或 2 故障。

(3)空气压缩机保护电路

断开辅助电路的空气压缩机电机电路，将信号送入微机控制系统，故障显示灯亮，同时微机显示屏空气压缩机 1 或 2 故障。

(4)主变压器油泵保护电路

出现故障时，一方面断开辅助电路，另一方面进入微机控制系统，显示故障，自动隔离对应的主变流器和对应转向架上的牵引电机，同时使另一套主变压器和另一转向架上的牵引电机降功率工作。

(5)主变流器试验控制电路

当机车主断路器不具备闭合条件时，可以使用该开关通过微机控制系统对机车主变流器的控制单元进行检测，并在微机显示屏中进行显示。

(6)高压接地开关控制电路

机车通过设置高压接地开关，用来实现机车的高压安全互锁，机车需要打开顶盖天窗或电器柜进行检修时，保证车顶设备可靠接地，从而实现安全保护。

(7)高压隔离开关控制电路

当一组受电弓损坏且存在接地故障的情况下，通过微机控制柜上的受电弓选择打至相应的位置，来控制相应高压隔离开关动作，切断相应车顶高压电路。

(8)原边过流保护电路

变压器原边过流时，原边过流保护继电器动作，将信号送入微机控制系统，微机控制系统发出断开主断路器信号，实施保护，同时微机显示屏显示原边过流。

(9)主变压器温度保护电路

当机车主变压器温度过高时，主变压器温度继电器动作，信号送入微机控制系统，主断路器跳开，实施故障保护。

(10)总风缸风压压力控制电路

当总风缸风压低于 680 kPa 时，空气压缩机 1 和 2 均投入工作，当风压低于 750 kPa 时，非操纵端空气压缩机投入工作。

5. 主变流器控制电路

电力机车有两套主变流器装置，其控制电路基本一致。主变流器装置 1 的装置识别设定为 110 V，主变流器装置 2 的装置识别设定为 0。机车主变流器装置的控制主要是按照司机控制器给定指令，由微机控制系统通过通信线传递给主变流器控制单元，按照机车牵引制动特性曲线，完成对牵引电动机的控制。

(1)主变流器允许投入前必须具备的信号

主要有牵引风机风速继电器，主变流柜流量继电器及主变压器油流继电器信号。当这些继电器正常闭合时，说明主变流器的工作条件具备，可以投入运行。

(2)主变流器的速度控制信号

主变流器的速度控制信号有牵引电动机速度传感器的信号，每个速度传感器同时送出两个速度信号至主变流器控制装置，用以实现主变流器对牵引电动机的矢量控制，有效地实施机车的防空转、防滑行保护，并对机车的轴重转移进行补偿。

(3)主变流器发生故障的操作

主变流器发生接地、次边过流、牵引电机过流等故障时，故障信号送至微机控制系统，进行故障显示和记录，并在微机显示屏中给出提示，指导司机进行相关故障处理等操作。主变流器的故障可以通过按动“故障复位”按钮进行恢复。

6. 辅助变流器控制电路

电力机车有两套辅助变流器装置，它们的控制电路基本一致，不同的是工作方式的设定不同。正常情况下，辅助变流器装置 1 设定为 VVVF 工作方式，当主断路器闭合，手柄离开 0 位后，辅助变流器装置 1 开始工作；辅助变流器装置 2 设定为 CVCF 工作方式，只要主断路器闭合，辅助变流器装置 2 就开始投入工作。

（1）电磁接触器控制

机车主断路器闭合后，由微机控制系统发出指令，闭合辅助变流器 2，电磁接触器闭合，并将信息传递给辅助变流器控制单元，由辅助变流器控制单元发出指令，控制辅助变流器 2 启动。

（2）自动转换电磁接触器

当机车某一辅助变流器发生故障时，故障的辅助变流器能及时发信息给微机控制系统，通过微机控制系统的控制，自动完成输出电磁接触器的动作转换；若辅助变流器 1 发生故障，则电磁接触器 KM11 断开，电磁接触器 KM20 闭合；若辅助变流器 2 发生故障，则电磁接触器 KM12 断开，电磁接触器 KM20 闭合。故障的辅助变流器将信息传递给另一组辅助变流器，使其工作在 CVCF 方式，故障的辅助变流器被隔离，所有的辅助电机全部由另一套辅助变流器供电。

（3）辅助变流器隔离

为了便于辅助变流器的隔离，还设置了辅助变流器开放隔离开关，该开关设置在微机显示屏内，通过微机显示屏的触摸开关进行隔离。在正常情况下，这些开关均闭合，由于某种原因需隔离时，通过微机显示屏进行相应辅助变流器的隔离，实现整台机车只有一组辅助变流器工作。

7. 撒砂控制

机车设有两个撒砂电空阀，这些电空阀的控制可以通过三个途径来实现。

（1）司机脚踏撒砂阀控制。当司机认为机车需要撒砂时，可以通过脚踏撒砂开关进行人为撒砂。

（2）机车运行时，如发生空转、滑行等情况时，机车的六台牵引电机转速会不同，机车主变流器的控制单元就会将撒砂信息送到微机控制系统，由微机控制系统给出信号实现撒砂。

（3）当机车实施紧急制动时，电空制动系统发出撒砂指令，实施机车撒砂。

8. 制动系统控制电路

电力机车控制系统通过 MVB 网络和硬线与制动系统全面结合，完成对制动系统的控制与监测。

（1）控制系统采集各个压力开关和隔离阀的状态信号和制动系统输出信号。

（2）控制系统向制动系统输入机车状态信号和各类控制信号。

复习思考题

1. 电力机车司机控制器怎样实现机械联锁?
2. 有触点电器包括哪些种类?
3. 接触器的基本工作原理是什么?
4. 继电器的结构组成有哪些?
5. 控制回路由哪几项组成?

第四章　高压电器

高压电器是指工作在高压电环境下的电器，在机车电路中主要表现在网侧电路及牵引变流系统实现对电能的分配、控制、保护与转换。本章主要介绍电力机车高压电器如受电弓、主断路器、高压隔离开关及其他高压电器的结构、工作原理、保养和检修等。

第一节　受　电　弓

受电弓是铁路机车从接触网获取电能的关键设备。它安装在机车顶部，运行中通过升弓与接触网接触，将电流引入机车，为机车牵引系统及其他用电设备提供电力。

受电弓按其杆臂的结构形式可分为双臂和单臂受电弓两种。双臂受电弓结构对称，侧向稳定性好，但结构复杂，调整困难。单臂受电弓由于结构简单、尺寸小、重量轻、调整容易，具有良好的动特性而被现代电力机车广泛采用。本节主要对 DSA200 型单臂受电弓进行介绍。

一、结构组成

升弓装置安装在底架上，通过钢丝绳作用于下臂。上臂和弓头由较轻的铝合金材料结构设计而成，DSA200 型受电弓结构如图 4-1 所示。

受电弓主要由底架、铰链机构、弓头部分、升弓装置及气路组装等部分构成。

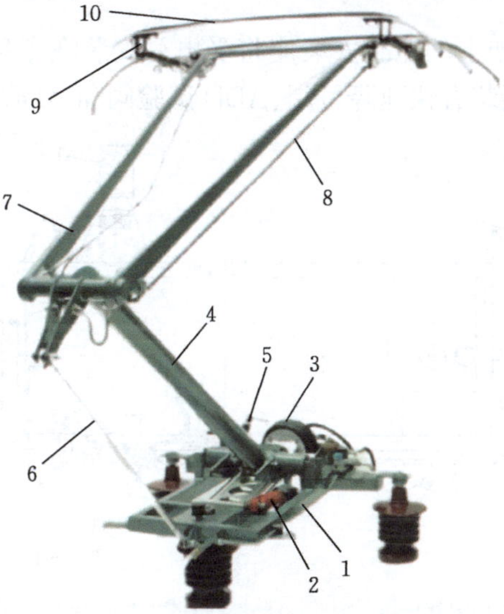

1—底架；2—阻尼器；3—升弓机械装置；4—下臂杆；5—弓形弓头支撑装配；6—推杆；7—上臂；8—弓头导杆；9—弓头；10—滑板。

图 4-1　DSA200 型受电弓结构

(一)弓　　头

弓头是直接与接触网导线接触受流的部分。DSA200 型受电弓的弓头由弓头支架装置、滑板组成。弓头支架装置如图 4-2 所示。

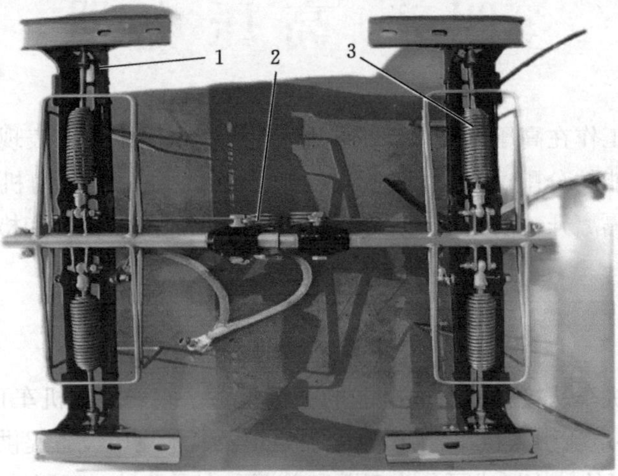

1—辐板;2—横向弹簧;3—纵向弹簧。

图 4-2　弓头支架装置

弓头支架通过两个横向弹簧与上臂相连,保证横向弹性。在支架与上臂间装有四个纵向弹簧以保证纵向弹性。滑板用螺栓与弓头支架相连。弓头的这种结构使滑板在机车运行方向上灵活移动,而且能够吸收各方向上的冲击,达到保护滑板与接触网线的目的。

滑板内部有气腔,是自动降弓装置的一部分。如果滑板出现磨损到限或断裂时,自动降弓装置动作,受电弓迅速降下。

(二)底　　架

通过支撑绝缘子和底架上的三个安装座将受电弓安装在车顶上,底架上有三个电源引线连接点和升弓用气路,还装有快速降弓阀、ADD 试验阀和 ADD 关闭阀,如图 4-3 所示。

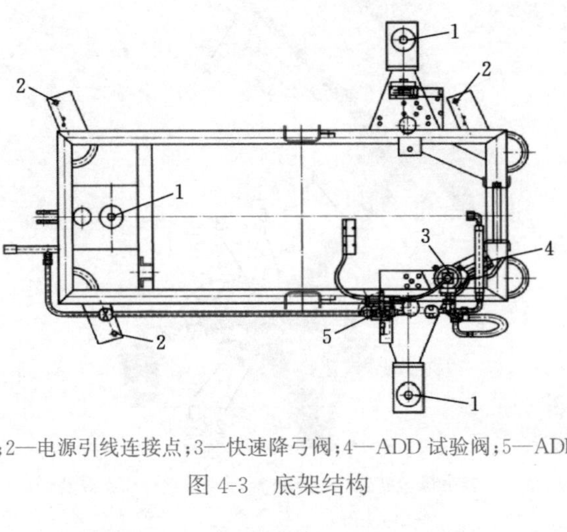

1—安装座;2—电源引线连接点;3—快速降弓阀;4—ADD 试验阀;5—ADD 关闭阀。

图 4-3　底架结构

(三)升弓装置

升弓装置是受电弓的动力装置,由气囊式风缸和导盘组成,其导盘通过钢索连接在下臂钢索轨道上。进气时气囊胀大,推动导盘向其前方运动,导盘和钢索轨道间拉紧的钢索带动下臂绕轴向上转动,受电弓升起。排气时气囊式风缸回缩,受电弓降弓。

(四)升弓气源控制阀组

升弓气源控制阀组如图 4-4 所示。升弓气源控制阀组安装在机车内,用于调节受电弓升、降弓时间和静态接触压力等参数及实现自动降弓功能。电空阀控制升弓气路压缩空气的通断。空气过滤器可提高气源的质量。升弓节流阀用于调整升弓时间。精密调压阀用于调节受电弓工作压力,调压范围为 0.01～0.8 MPa,精确度为±0.002 MPa,每 0.01 MPa 的压力变化将导致 10 N 的接触力变化。压力表显示受电弓的工作压力。降弓节流阀用于调整降弓时间。安全阀对受电弓的气路系统压力进行调控和安全保护。压力开关用于弓网故障出现漏风时向机车微机发送高电平信号,保证机车先断主断再降受电弓,防止受电弓带负荷脱离接触网线。

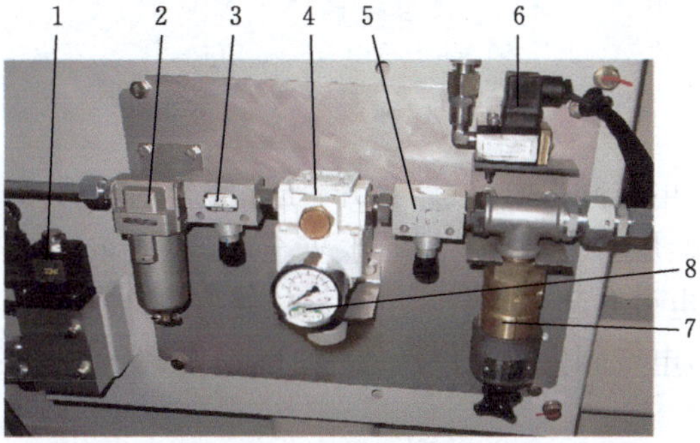

1—电空阀;2—空气过滤器;3—升弓节流阀;4—调压阀;5—降弓节流阀;6—压力开关;7—安全阀;8—压力表。

图 4-4　气源控制阀组

(五)阻 尼 器

阻尼器装在底架和下臂杆之间,它使机车运行速度变化大时受电弓和接触网的压力变化不大。阻尼器包括保护用波纹管、防尘罩、安装座和锁紧螺母,安装时通过锁紧螺母可调节并锁定阻尼器的长度为 54 mm,落弓位置的安装长度为(480±1.5) mm。阻尼器如图 4-5 所示。

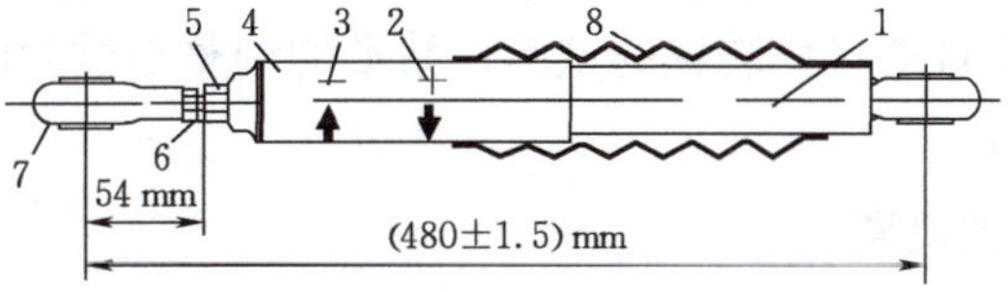

1—阻尼器;2—增加长度;3—减少长度;4—防尘罩;5—锁紧螺母(风缸);6—锁紧螺母(接头);7—接头;8—保护套。

图 4-5　阻尼器

二、工作原理

受电弓采用气囊驱动方式升弓。受电弓的气动原理如图 4-6 所示。

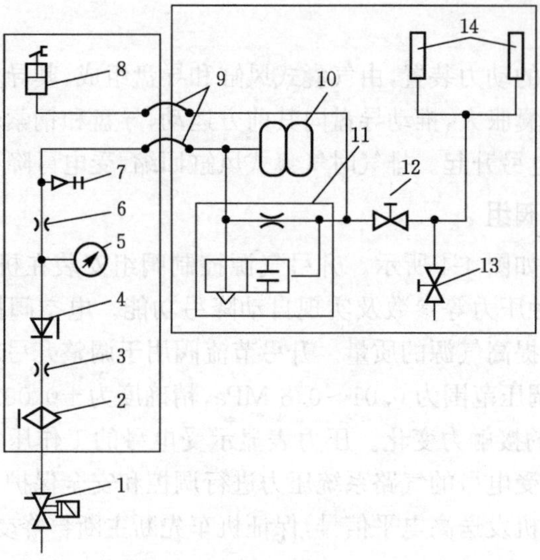

1—升弓电空阀;2—空气过滤器;3—升弓节流阀;4—调压阀(含快排阀及消音器);5—压力表;6—降弓节流阀;7—安全阀;8—压力开关;9—空气绝缘管;10—气囊;11—快速降弓阀;12—ADD 关闭阀;13—ADD 试验阀;14—碳滑板。

图 4-6 受电弓气动原理

(一)升降弓原理

受电弓升弓时,升弓电空阀得电,气路打开,压缩空气通过升弓电空阀,经空气过滤器、升弓节流阀、精密调压阀、压力表、降弓节流阀、安全阀,通过车顶的空气绝缘管进入升弓气囊,构成升弓气路,使受电弓升起。

受电弓降弓时,升弓电空阀失电,升弓气路关闭,精密调压阀上的快速排气阀启动,受电弓靠自重降弓。

(二)自动降弓装置的工作原理

当滑板破裂、磨损到限或管路泄漏时,快速降弓阀气路的压力下降,将受电弓气路内的压缩空气快速排向大气,受电弓压力快速下降,导致受电弓快速降弓;与此同时,压力开关由于气压下降而动作发送高电平信号给机车,由机车微机系统发出分断主断路器指令,以保证在受电弓降弓之前,机车能够先行切断机车电源,避免受电弓带电拉弧。

三、调整与试验

受电弓的调整与试验是保障受电弓性能的重要环节,主要包括静态接触压力的调整,升、降弓时间的调整以及自动降弓装置的试验。精准的调整与试验能确保受电弓与接触网良好接触,提升受流质量。

(一)静态接触压力的调整

1. 粗调静态接触压力。使升弓电空阀得电,升起受电弓,松开调压阀手轮锁紧螺母调节升弓压力,顺时针调大气压,逆时针调小气压,设定值在 340～380 kPa(3.4～3.8 bar)。调节调压阀直到受电弓慢慢上升为止,然后在高出车顶 1.6 m 处拉弹簧秤下端使受电弓不再上升,此时弹簧秤示值应符合要求。

2. 精调静态接触压力。先拉动弹簧秤使受电弓缓慢向下运动,拉力值在 80 N 左右,再稍微减小对弹簧秤的拉力,拉力值 60 N 左右,使受电弓向上缓慢运动(上升和下降运动均是在大约 1.6 m 高度上进行，且每次向上或向下移动的距离为 0.5 m）。读取弹簧秤所测的力，取平均值即为平均接触压力，其值符合要求。

受电弓向下运动时，力的最大值不超过 85 N，向上运动时，力的最小值不低于 55 N。在同一升弓高度，两个值之差不应超过 20 N。由于滑板上的磨损（重量损耗），接触压力最大可以增加 10 N，这时不必再调整压力，因为一旦安装上新的滑板时又恢复到以前的接触压力值。调压阀上压力表的示值只能用于粗略检查，而不能用于调整校正目的。拧紧精密调压阀手轮防松螺母，固定调压阀的最终调整压力。受电弓接触压力调整如图 4-7 所示。

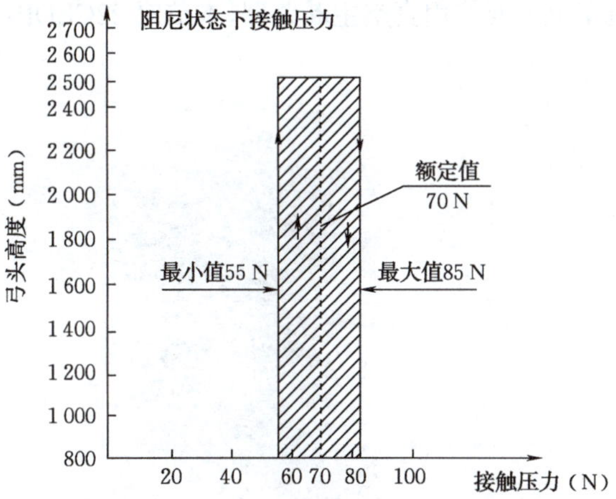

图 4-7　受电弓接触压力调整

（二）升、降弓时间的调整

静态接触压力调好后，受电弓从落弓位升至 2 m 高（包含绝缘子）的升、降弓时间，分别通过升弓节流阀和降弓节流阀来调整，应满足升、降弓时间要求。升弓时间小于等于 5.4 s，降弓时间小于等于 4.0 s。

调试过程中，升弓时不允许受电弓有任何弹跳，降弓时，受电弓必须有缓冲，并落在两个橡胶减振器上，允许降弓时在降弓位弹跳。

（三）自动降弓装置的试验

自动降弓装置试验时，将 ADD 关闭阀置于开位、ADD 试验阀置于工作状态位，受电弓升高至 0.6 m，将 ADD 试验阀置于试验状态位，快速降弓阀排气，受电弓快速下降。试验后，将 ADD 试验阀置于工作状态位。

四、检修安全注意事项

1. 在车顶工作时，必须切断接触网线供电电源。

2. 受电弓升弓时，应确保压缩空气供给稳定，如果压缩空气供给发生故障，受电弓就会下降，可能造成作业人员的人身伤害。

3. 当调整受电弓接触压力时，为防止受电弓意外下降（如自动降弓装置出现故障时），应使自动降弓装置 ADD 关闭阀处于关闭状态。

4. 当受电弓的空气管路出现故障后，在重新运行前应清理干净渗入其中的水或杂质。

5. 发生自动降弓的受电弓必须全面调试，才能重新使用。

第二节 主断路器

主断路器连接在受电弓和牵引变压器原边绕组之间,安装在机车顶部或车内高压电器柜内。在机车中起双重作用,既是机车电源总开关,又是机车总保护电器。

主断路器闭合时,机车通过受电弓从接触网上获得电能。若机车主电路和辅助电路发生短路、接地、过载、零压等故障时,均通过主断路器自动切断机车总电源,从而起到保护作用。目前在交流电力机车上主要使用真空主断路器,本节对 22CBDP1 型真空主断路器进行介绍,如图 4-8 所示。

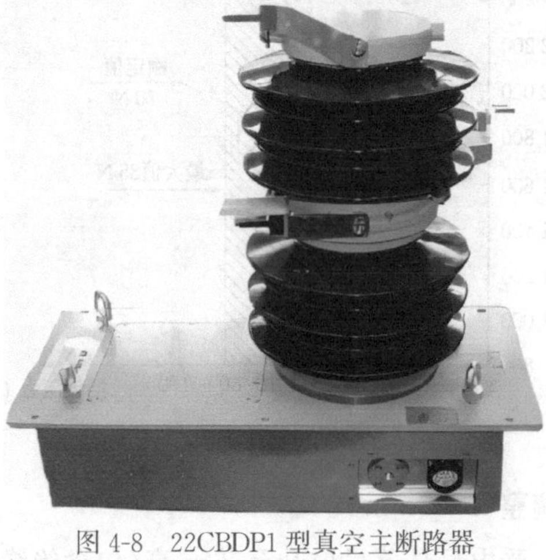

图 4-8 22CBDP1 型真空主断路器

一、结构组成

22CBDP1 型真空主断路器的结构如图 4-9 所示。

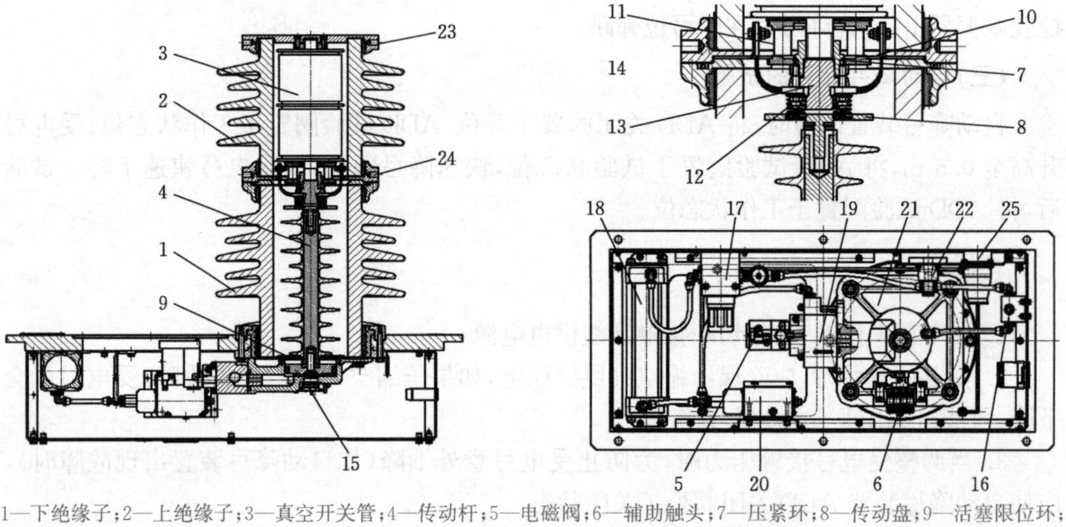

1—下绝缘子;2—上绝缘子;3—真空开关管;4—传动杆;5—电磁阀;6—辅助触头;7—压紧环;8—传动盘;9—活塞限位环;10—弹簧座;11—主弹簧;12—恢复弹簧;13—连接块;14—软连线;15—活塞;16—节流阀;17—调压阀;18—储风缸;19—转换阀;20—压力开关;21—风缸;22—进气接头;23—上接线端;24—下接线端;25—电连接器。

图 4-9 22CBDP1 型真空主断路器结构

两个陶瓷绝缘子垂直安装，通过铸铝基座安装在固定框架上，空气进气接头和连接器安装在基座侧面。

上、下接线端子由铜铬铸造法兰浇注在上绝缘子上，同时支撑着接地开关的接地触头。上接线端子用于 25 kV 高压电输入连接，下接线端子连接主变压器原边的输入高压电缆。

真空开关管由主开关触头和外壳装置组成，与断路器上绝缘子用硅橡胶浇注成一体。真空开关管的操作装置通过传动杆与活塞连接。真空开关管动触头与压紧环连接，电流通过软连线从动触头连接到下接线端子。

真空主断路器的控制和监测设备(控制阀、压力开关、辅助触头等)安装在基座中。

二、工作原理

22CBDP1 型真空主断路器工作原理如图 4-10 所示。

干燥的压缩空气通过进气接头进入断路器后分为两路：一路通过调压阀进入储风缸；另一路经过节流阀进入下绝缘子内腔中起到吹扫作用，保证下绝缘子内腔的干燥及清洁，确保断路器安全工作。

压力开关与电磁阀在电气上串联，当压缩空气压力下降低于 345～358 kPa 时，压力开关打开，电磁阀线圈失电，主断路器自动断开。要想重新闭合主断路器，压缩空气压力必须超过 390～420 kPa。

为了确保主断路器主触头闭合，电磁阀必须一直处于得电状态。

当主断路器活塞移动时，辅助触头装配的凸轮板也随之运动，使主断路器的辅助触头正常开闭。

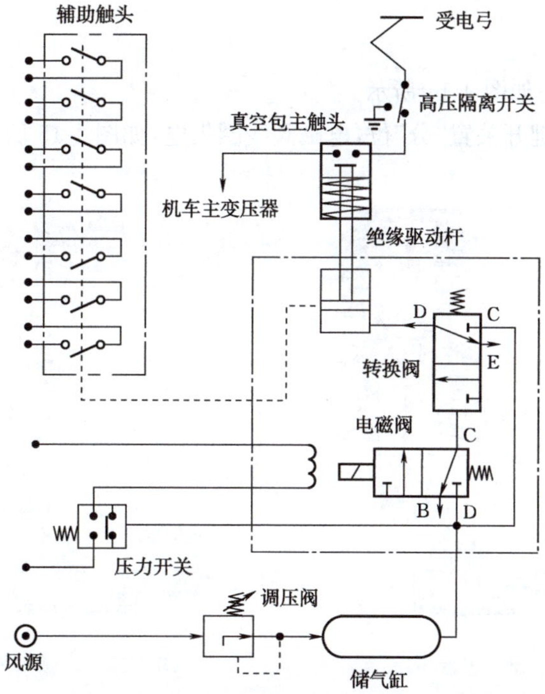

图 4-10　22CBDP1 型真空主断路器工作原理

(一)合闸过程

主断路器断开状态如图 4-11 所示。

1. 将主断路器扳键开关置合位,电磁阀线圈得电,储风缸中的压缩空气一路经电磁阀进入转换阀的控制腔,打开转换阀,另一路通过转换阀送入风缸,如图 4-12 所示。

2. 驱动活塞、绝缘推动杆和主断路器的动触头上移,压缩主弹簧,闭合主触头,如图 4-13 所示。

3. 主触头的恢复弹簧被压缩,如图 4-14 所示。

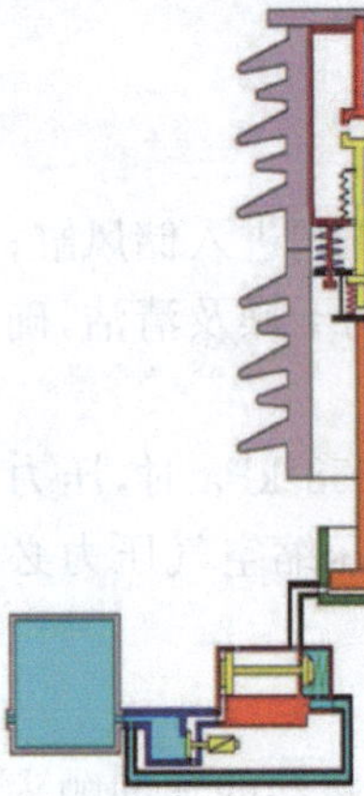

图 4-11 断开状态

图 4-12 电磁阀闭合

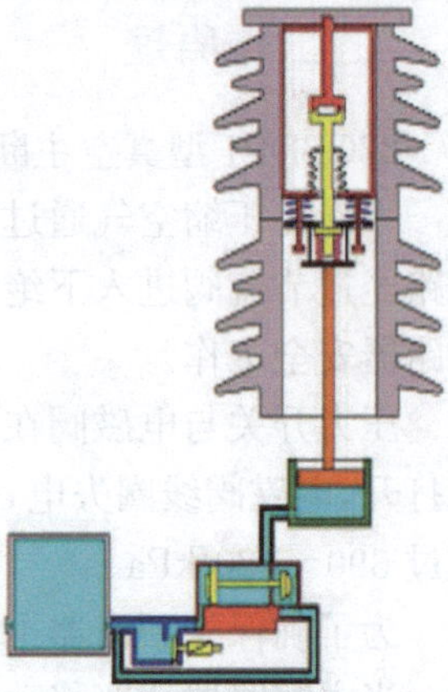

图 4-13 主触头移动

(二)分闸过程

主断路器闭合状态如图 4-14 所示。

1. 将主断路器扳键开关置“分”位,电磁阀线圈失电,如图 4-15 所示。

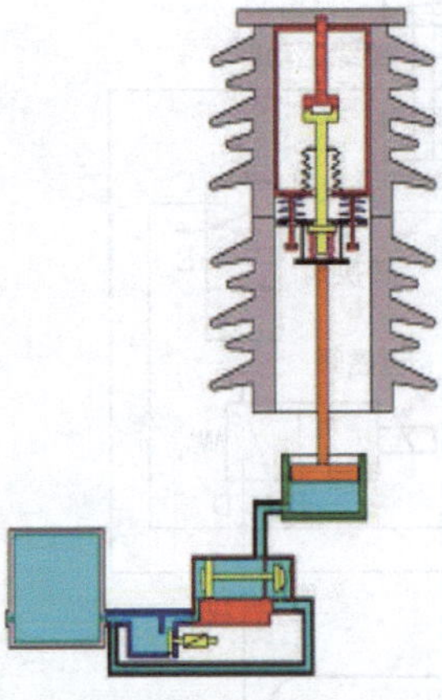

图 4-14 主触头闭合

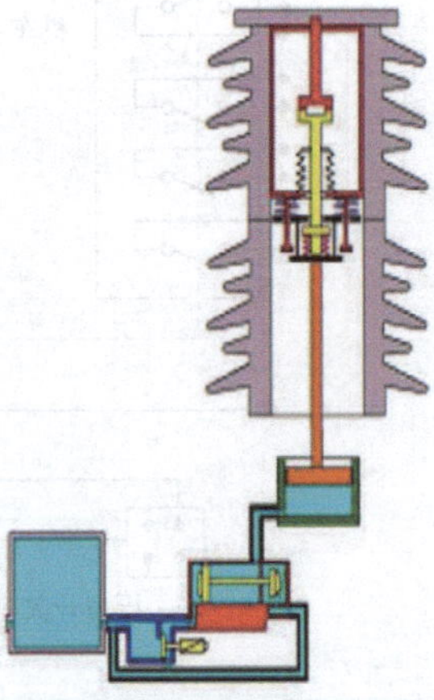

图 4-15 电磁阀失电

2. 电磁阀和转换阀均在弹簧的作用下复位,将风缸内的压缩空气释放掉,如图 4-16 所示。

3. 绝缘推动杆和主断路器的动触点在机械装置弹力作用下，向下移动，打开主触头，如图 4-17 所示。

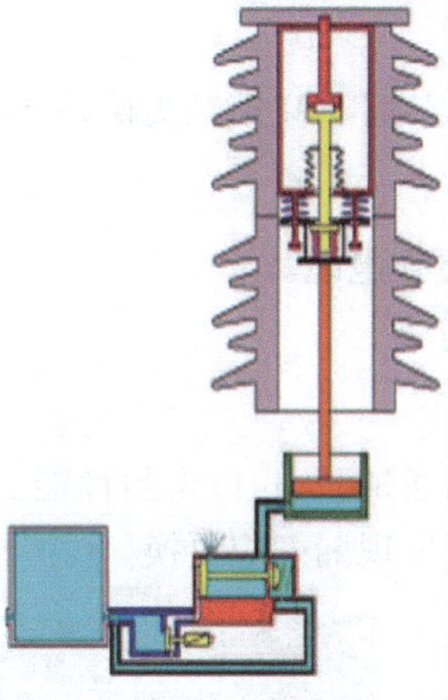

图 4-16 排气

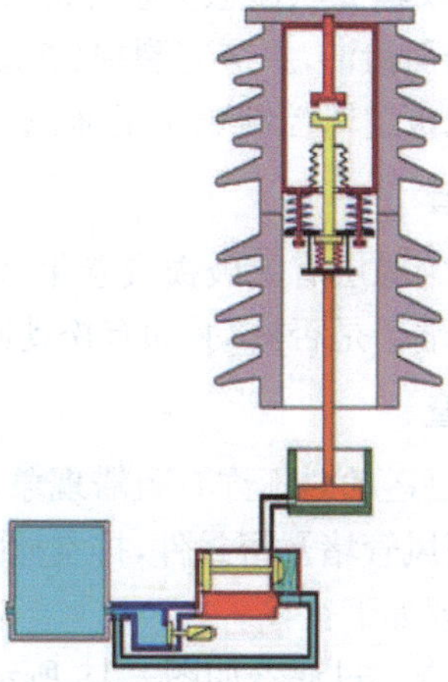

图 4-17 主触头断开

三、维护保养

由于主断路器属于关键高压电器设备，为了保证主断路器良好的工作状态，必须加强日常的检查和维护。

(一)检查电气连接及其紧固状态

检查电气连接及其紧固状态，当螺栓松动或更换后，则需检查螺栓的拧紧力矩，按照表 4-1 拧紧力矩紧固。

表 4-1 拧紧力矩要求

检查部位	拧紧力矩(N·m)	检查部位	拧紧力矩(N·m)
螺栓 M8(8.8 级)	22	螺栓 M12(8.8 级)	75
螺栓 M10(8.8 级)	43		

(二)外观检查

1. 绝缘子清洁与检查

(1)用中性清洁剂或肥皂水清洗绝缘子，不能使用带有压力或蒸汽的清洗工具。

(2)用干燥的软布擦干绝缘子。如有必要，先用湿布最后再用干燥的软布。

(3)绝缘子表面如有裂纹，应更换。表面缺损须进行绝缘处理，累计缺损面积大于 3 cm^2 时，须通过 45 kV 工频耐电压试验；累计缺损面积大于 30 cm^2 时须更换。

(4)检查绝缘子与法兰之间是否松动，表面是否有裂片或裂纹。绝缘子与法兰之间出现松动，或绝缘子表面如果出现 2 cm^2 以上碎片，则必须更换。

2. 接地触头外观检查

(1)检查接地触头应无损坏变形，与接地开关配合良好。如果有损坏，应更换接地触头，然后与接地开关接地夹进行调整。

(2)检查接地触头是否有结瘤出现。如果结瘤小于 1 mm,可用锉刀修平并润滑接地触头。如果结瘤超过 1 mm,需更换并润滑接地触头。

3. 电气插座及辅助联锁触头系统检查

(1)各部件表面清洁,不应有裂损、变形。

(2)控制单元板逻辑控制顺序正确,不允许有误动作,联锁触头接触良好,通断正确。

(三)电路检查

1. 检查电缆绝缘层有无破损或老化,如有则更换电缆。

2. 检查接线端子是否松动,如有松动则重新拧紧。

(四)气路检查

风缸活塞往复运动时不许有阻滞现象,气路畅通,阀及阀口密封性能良好。入冬之前及时检查过滤器、通风管堵及密封件,排空储风缸,若发现漏气应更换。

气路检查步骤如下:

1. 过滤器检查。过滤器如图 4-18 所示。

(1)可以通过拆下上部盖板从上部进行操作或从底板下部排放。

(2)在储风缸供有高压气体的情况下,按压过滤器底部的针阀充分排放积水。

(3)当气流停止后,检查过滤器是否漏气。

图 4-18 过滤器

2. 气密性检查。

(1)检查主断路器所有管路系统及气动元件,查找可能的泄漏点。检查前请将节流阀出气口封闭。

(2)如发现有泄漏,则更换有缺陷的气管、接头、密封件等元件。

四、检修安全注意事项

1. 在检查和维护时,为避免触电危害,连接主断路器的所有电源、气源必须隔离。

2. 主断路器的所有检查和维修的执行必须在接触网断电、降弓和主断路器接地的情况下操作。

3. 不能进行主断路器内部维护,除非有专业技术人员在场。

4. 操作人员禁止拆开防护罩。部件的更换和内部调整必须由专业技术人员进行操作。

5. 未经授权,禁止安装主断路器的替换部件或改进主断路器。

6. 主断路器出现损坏和故障,必须由经过培训且合格的专业技术人员维修。

第三节 高压隔离开关

高压隔离开关属于隔离电器,它的主要作用是当车顶设备发生故障时,能将故障部分隔离,维持机车运行。因此,它的存在可大大减少因车顶设备故障而造成的事故,保证机车的安全运行。

一、结构组成

以 2PIS 型高压隔离开关为例，其通过高隔底架安装在机车车内高压电器柜中，如图 4-19 所示。它装有两个刀闸板，一端安装在固定座上，另一端延伸到接触头上。刀闸板通过拉杆与下面的传动机构相连，传动机构采用长槽滑块机构，采用电控气动的驱动方式。在高隔底架两侧，分别固定安装电磁阀和传动风缸、传动轴，保证了刀闸板与传动机构的转动。高隔底架上装有接地座，当高压隔离开关处于分闸状态时，刀闸板转到接地位与接地座连接。转轴末端上的凸轮用来控制安装在底架上的两个辅助触头开关，两个辅助触头开关用于高压隔离开关状态信号的输出。

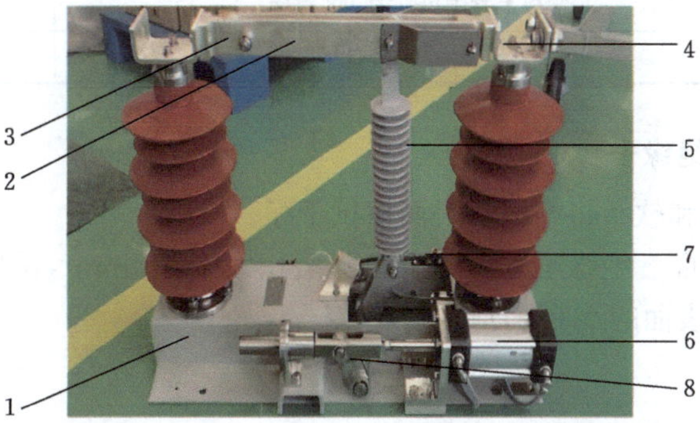

1—底架；2—刀闸板；3—接触头；4—固定座；5—拉杆；6—风缸；7—电磁阀；8—传动轴。

图 4-19　2PIS 型高压隔离开关

二、工作原理

高压隔离开关不带灭弧装置，不具有开断电流的能力。因此，它的所有动作都必须在主断路器处于分断状态时进行。

(1)分闸

当高压隔离开关处于合闸状态时，电磁阀得到分闸信号，得电动作，打开气路，压缩空气经电磁阀进入压力风缸，推动操纵杆，使转轴旋转 60°，隔离开关分断，刀闸板转到接地位与接地座连接。转轴转动的同时，固定在转轴上的凸轮驱动低压联锁改变为分闸状态，并将信号传到司机室。

(2)合闸

当高压隔离开关处于分闸状态时，电磁阀得到合闸信号，得电动作，打开气路，压缩空气经电磁阀进入压力风缸，推动操纵杆，使转轴旋转 60°，隔离开关闭合，刀闸板与接触头连接。转轴转动的同时，固定在主轴上的凸轮驱动低压联锁改变为合闸状态，并将信号传到司机室。

三、维护保养

由于高压隔离开关属于关键高压电器设备，为了保证其良好的工作状态，必须加强日常的检查和维护。

(一)检查紧固件状态

检查各紧固件是否有松动现象,如有松动,使用力矩扳手和螺纹胶按相应力矩紧固,具体要求见表 4-2。

表 4-2 拧紧力矩要求

序号	检查部位	拧紧力矩(N·m)
1	支柱绝缘子下法兰 M12 螺栓	55
2	支柱绝缘子上法兰 M8 螺钉	16
3	接地座 M8 螺钉	16
4	弯板上紧固风缸的 M8 螺栓	16
5	拉杆下法兰自制 M12 螺栓	55

(二)清洁和检查绝缘子

1. 用专用清洗剂和软布将绝缘子表面擦拭干净。

2. 检查绝缘子表面。绝缘子表面单个缺陷面积大于 25 mm^2,深度大于 1 mm,或总缺陷面积超过绝缘子总表面的 0.2%,应更换绝缘子。

(三)润滑部件

1. 用润滑剂对风缸传动轴进行油润。

2. 将润滑膏涂敷刀闸板和接触头接触部分。

(四)清洗和检查辅助联锁

1. 用酒精清洗各辅助联锁的触头。

2. 检查辅助联锁触头,如果触头磨损 1.5 mm 或更多,必须更换。

(五)检查刀闸板与接触头

1. 在闸刀放松状态下,检查两刀闸板与定尺套之间是否有间隙,如有间隙,则需进行调整。刀闸组装调整局部结构,如图 4-20 所示。

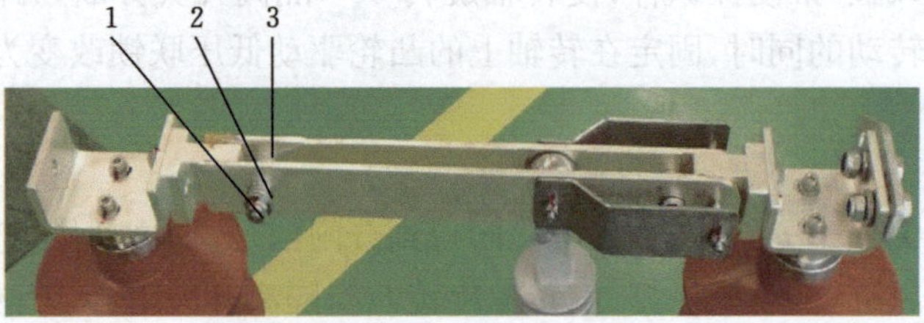

1—锁紧螺母;2—螺母;3—定尺套。

图 4-20 2PIS 高压隔离开关刀闸组装调整局部结构

调整步骤如下:

(1)松开锁紧螺母。

(2)轻轻调整螺母,使刀闸板与定尺套无间隙。

(3)在保证螺母位置不再变化的前提下,紧固锁紧螺母。

2. 用弹簧秤测量接触头与刀闸板间的接触摩擦力，必要时按以下步骤调整：

(1)松开锁紧螺母。

(2)轻轻调整螺母，使接触头与刀闸板间的接触摩擦力大于等于 50 N。

(3)在保证螺母位置不再变化的前提下，紧固锁紧螺母。

3. 用游标卡尺测量并计算刀闸板与接触头的接触面积(接触面积＝接触长度×刀闸板宽度)，接触面积应大于等于 1 000 mm^2，否则按以下步骤进行调整：

(1)松开风缸的锁紧螺母。

(2)调整风缸活塞杆的旋入长度，达到理想的接触面积。

(3)调整完成后拧紧锁紧螺母。

四、检修安全注意事项

1. 对高压隔离开关进行任何操作之前，必须确保机车和接触网隔离，切断机车电源。

2. 在高压隔离开关进行动作调试时，人及物品必须在刀闸板转动范围以外。

3. 发生过故障的高压隔离开关必须经全面调试，才能重新使用。

第四节 其他高压电器

电力机车上采用的高压电器除受电弓、主断路器、高压隔离开关外，还包括高压接地开关、高压电压互感器、高压电流互感器、避雷器等。

一、高压接地开关

高压接地开关的主要功能是在受电弓降弓、主断路器断开状态下，将主断路器两侧的车顶高压设备回路和主变压器原边接地，与主断路器配套使用。高压接地开关保证了机车的安全操作，当检修人员进行机车检查或维护时，保证检修人员的人身安全。

以 35KSDP1 型高压接地开关为例，如图 4-21 所示。

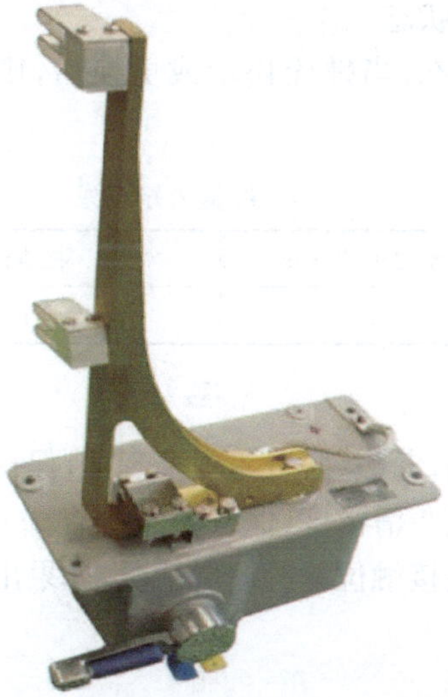

图 4-21 35KSDP1 型高压接地开关

(一)结构简介

高压接地开关的主要部件有接地夹、接地臂、箱体、转轴、锁组装、手柄组装、转盘、连接杆组成、转套、微动开关、AMP 连接器、凸轮等,如图 4-22 所示。

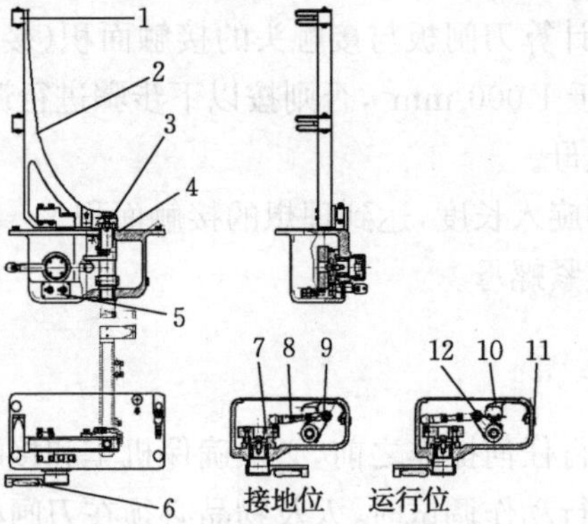

1—接地夹;2—接地臂;3—箱体;4—转轴;5—锁组装;6—手柄组装;7—转盘;8—连接杆组成;9—转套;10—微动开关;11—AMP 连接器;12—凸轮。

图 4-22 高压接地开关的结构

(二)工作原理

转动手柄,带动由转盘、连接杆组成、转套、转轴组成的传动机构动作,从而带动接地臂转动,最后实现接地夹与真空断路器接地触头的连接与分离。手柄组装旋转 180°,接地臂相应旋转 90°。

锁组装控制手柄组装是否能够转动,锁组装共有两个锁,一个供蓝钥匙使用,一个供黄钥匙使用。仅在蓝钥匙插入蓝色锁后,手柄组装才能从运行位旋转到接地位,旋转到接地位后,可把黄钥匙从黄色锁中取出,同时联锁机构就被黄色锁锁在接地位。

(三)维护与检修

为了保证高压接地开关良好的工作状态,必须加强日常的检查和维护。

1. 检查电气连接及其紧固状态

检查电气连接及其紧固状态,当螺栓松动或更换后,则需检查螺栓的拧紧力矩,按照表 4-3 拧紧力矩紧固。

表 4-3 拧紧力矩要求

检查部位	拧紧力矩(N·m)	检查部位	拧紧力矩(N·m)
螺栓 M8(8.8 级)	22	螺栓 M10(8.8 级)	43

2. 外观检查

(1)检查接地软连线,不得有断裂、脱股等损坏现象,保持表面清洁。

(2)检查接地夹弹簧片磨损与清洁度,保持表面清洁。

(3)检查接地夹与接地触头接触位置的润滑情况,如果出现明显污秽、缺脂严重现象,应清理并加润滑脂。

3. 检查锁组装

锁组装如图 4-23 所示。

(1)将接地手柄置接地位,黄色钥匙应能灵活转动并可以拔出。

(2)将接地手柄置操作位,蓝色钥匙应能灵活转动并可以拔出。

(3)如果钥匙有卡滞现象,应进行修复。

4. 检查接地夹

接地夹如图 4-24 所示。

(1)接地夹弹簧片与主断路器接地触头应配合良好。

(2)将接地开关转到接地位,检测接地夹与主断路器接地触头的接触长度大于等于 20 mm。

(3)检查接地夹外观及尺寸。接地夹间隙 A 大于 9.2 mm 时,应更换接地夹。

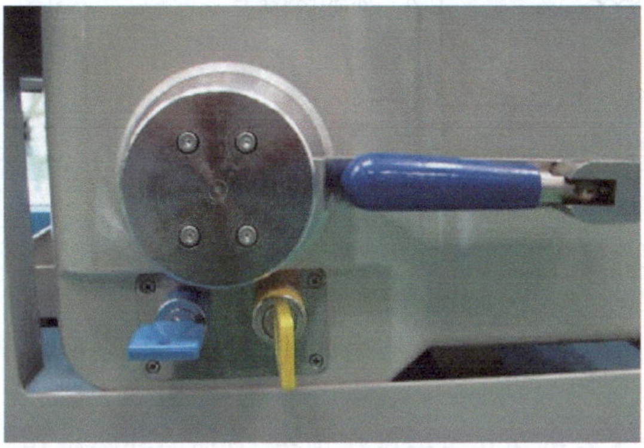

图 4-23 锁组装

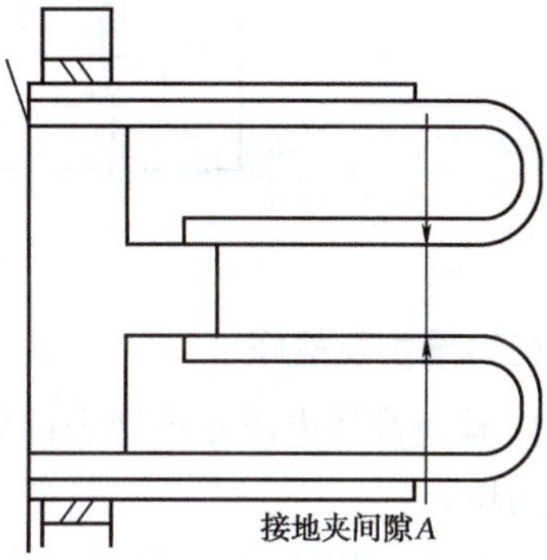

图 4-24 接地夹

二、高压电压互感器

高压电压互感器主要用于测量接触网电压,该测量电压值供给机车过压、欠压保护和能耗计量使用。

(一)结构简介

以 JDZX18-25(C)型高压电压互感器为例,其采用环氧树脂浇注绝缘支柱式结构,如图 4-25 所示。一次侧接在主电路上,二次侧装有限流熔断器。

图 4-25 JDZX18-25(C)型高压互感器

(二)工作原理

JDZX18-25(C)型高压电压互感器的接线如图4-26所示。高压电压互感器是一种利用电磁感应原理把一次侧的高电压变换为标准测量电压的特种变压器。它的主要作用是给测量仪器、仪表或继电保护、控制装置提供信息,使测量、保护和控制装置与高电压相隔离。

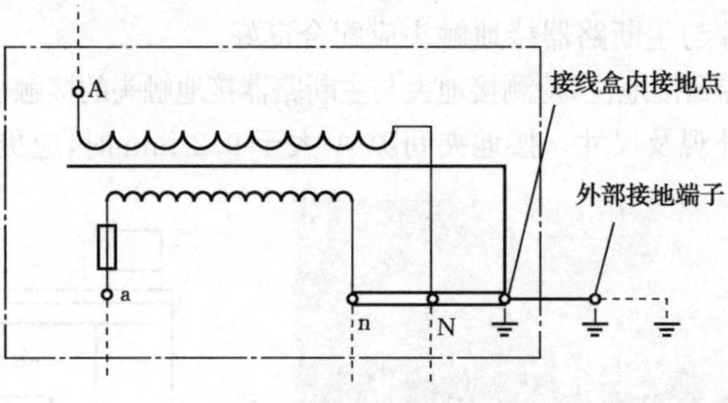

图4-26 高压互感器接线

(三)维护及检修

1. 检查高压电压互感器表面状态。用专用清洗剂清洁表面并擦拭干净,表面清洁、无积尘污垢。

2. 检查一次侧、二次侧引线连接件是否有松动及表面氧化现象,必要时清除氧化层,涂抹导电膏,达到接线端子无氧化且连接可靠;检查二次侧熔断器相关紧固件是否已按要求紧固。

3. 检查安装板是否有松动现象,必要时用专用工具重新紧固,达到安装牢固,运行时无松动。

4. 为保证绝缘及连接更加可靠,一次侧导线连接完毕后,加热缩套等绝缘材料包封住一次侧导线裸露部分。

三、高压电流互感器

高压电流互感器套接在牵引变压器原边前端的高压电缆上,主要用来测量牵引变压器高压绕组输入端的线路电流,该测量电流值用于过流保护和短路保护,同时也可用于机车能耗计量。

(一)结构简介

以LMZB-25C型高压电流互感器(图4-27)为例,其采用支柱穿心母线环氧树脂浇注绝缘式结构,适用于交流50 Hz、额定电压为25 kV电力机车的高压侧作继电保护使用。

(二)工作原理

高压电流互感器是利用电磁感应原理,通过一次侧绕组与二次侧绕组的安匝平衡来把大电流变换为标准测量电流。它起到了变流和电气隔离的作用,避免了直接测量线路的危险。高压电流互感器是测量仪表、继电保护等二次侧设备获取电气一次侧回路电流信息的传感器,高压电流互感器将高电流按比例转换成低电流,高压电流互感器一次侧接在一次侧系统、二次侧接测量仪表、继电保护等。

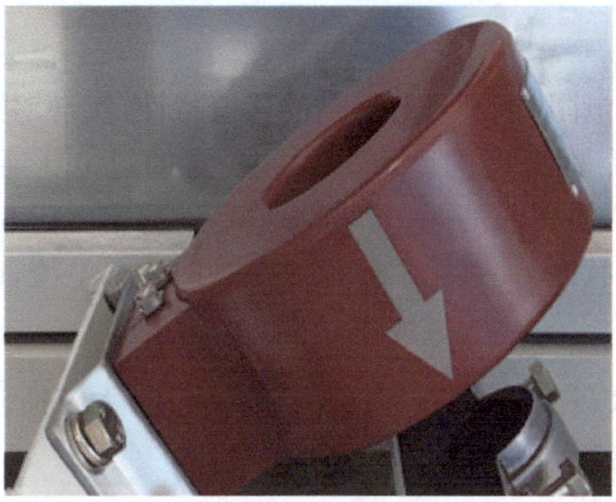

图 4-27 LMZB-25C 型高压电流互感器

(三)维护及检修

1. 检查高压电流互感器表面状态。用专用清洗剂清洁表面并擦拭干净,表面清洁、无积尘污垢。

2. 检查紧固二次侧引线连接件是否有松动及表面氧化现象,必要时清除氧化层,涂抹导电膏,达到接线端子无氧化层,保证连接可靠。

3. 检查紧固夹件及安装接线端子的螺钉是否有松动现象,加以紧固。

四、避 雷 器

避雷器主要用于保护机车高压设备免受大气过电压及操作过电压侵害,主体元件采用硅橡胶外套密封,具有优良的耐污性能和防爆性能,体积小,质量轻。

(一)结构简介

避雷器主要由硅橡胶复合外套、芯体、高压接线端、连接底板等部分组成,如图 4-28 所示。硅橡胶复合外套具有优良的绝缘性能和耐污秽能力,芯体由非线性优良的金属氧化物电阻片组成,在内部紧固成一体。避雷器整体结构紧凑,具有良好的冲击振动性能。高压接线端和连接底板等采用不锈钢材料,保证表面的耐蚀性和美观。

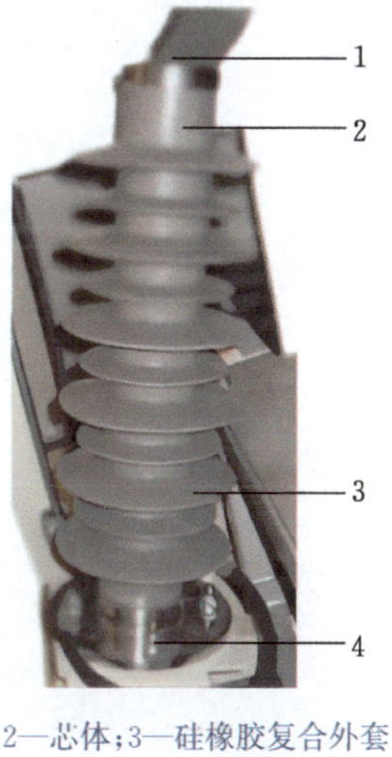

1—高压接线端;2—芯体;3—硅橡胶复合外套;4—连接底板。

图 4-28 避雷器

(二)工作原理

避雷器内装有非线性电阻片,其具有优良的伏安特性,实现对过电压的限制。当系统出现过电压时,非线性电阻片呈现低电阻状态,吸收一定的过电压能量,过电压被限制在允许值以下,从而对电器设备提供可靠的保护。而在避雷器额定电压和系统正常工作电压下,非线性电阻片呈现为高电阻状态,使避雷器仅流过很小的泄漏电流,起到与系统绝缘的作用。

(三)维护及检修

1. 检查避雷器外观状态良好,检查绝缘子或各部件有无破损。
2. 检查避雷器各螺栓紧固无松动。
3. 清洁避雷器的表面脏污。
4. 用 1 000 V 兆欧表测量避雷器的绝缘电阻大于等于 1 000 MΩ。

五、检修安全注意事项

1. 接触高压意味着可能发生死亡或严重的人身伤害事故。对高压电器进行任何工作之前,机车必须和接触网隔离,切断机车电源,主断路器由接地开关接地。

2. 在没有接触网的区域进行维护和修理。在有接触网的区域内,必须按照《普速铁路接触网安全工作规则》进行操作。

复习思考题

1. 简述单臂受电弓特点。
2. 简述受电弓的升降弓原理。
3. 简述主断路器在电力机车上的作用。
4. 简述高压隔离开关的主要作用。
5. 简述高压接地开关的主要功能。

第五章　电机与变压器

本章主要介绍牵引电机、辅助电机、变压器的基础知识，对相应部件的结构、分类、工作原理及维护保养要求进行了详细介绍，通过对部件的详细讲解使机车电工能初步掌握牵引电机、辅助电机、变压器的基础知识及检修作业要求与作业标准。

第一节　牵 引 电 机

牵引电机是机车进行机械能和电能相互转换的重要部件。牵引电机有许多类型，诸如直流牵引电机、脉流牵引电机、单相整流子牵引电机、交流旋转感应牵引电机、交流同步牵引电机和直线牵引电机。

交流传动电力机车牵引电机大多采用三相异步牵引电机，三相异步牵引电机在控制系统的支撑下具有了与直流电机媲美的调速特性，同时具有体积小、功率大、效率高、恒功范围宽、维护量小等优点。

一、结构组成

以三相鼠笼式异步牵引电机为例，主要由定子和转子两部分组成。

(一)定　　子

定子由定子铁芯、定子绕组和机座等组成。

定子铁芯由硅钢片叠成，用于放置定子绕组，构成电机的磁路；定子绕组由铜线绕制而成，构成电机的电路；机座一般由铸铁或铸钢制成，是电机的支架。定子结构如图 5-1 所示。

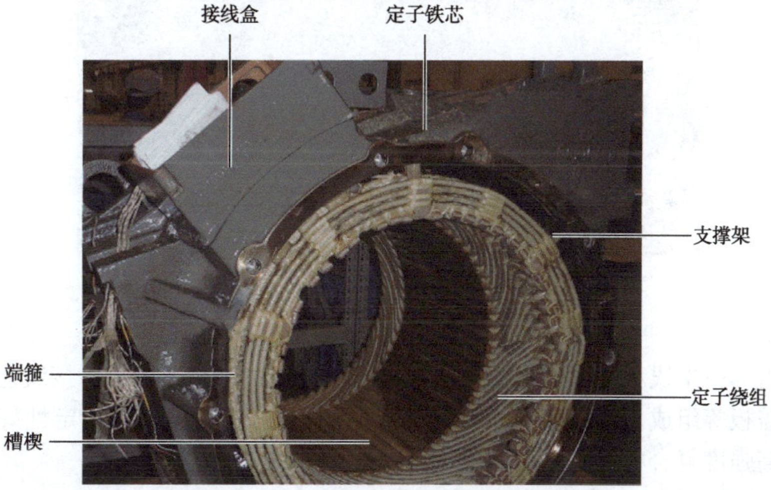

图 5-1　定子结构

1. 定子铁芯

定子铁芯采用焊接结构,用四块筋板将带有轴向通风孔的定子冲片、定子端板和两端的压圈在施压状态下焊接成一个整体。该结构定子铁芯具有体积小、散热冷却效果好、结构强度高等特点。

定子压圈和筋板等主结构部件采用优质铸钢件,结构强度高,耐振动冲击性能好。定子冲片采用 0.65mm 无取向冷轧厚膜硅钢片冲制而成,绝缘性能强,导磁性能好,铁磁损耗小,定子冲片如图 5-2 所示。

图 5-2 定子冲片

2. 定子线圈

定子线圈采用耐电晕薄膜导线,由自动胀形机一次成型,嵌装后用槽楔固定,线圈端部使用成型的端箍绑扎到支撑架,形成整体,最后真空压力浸有机硅漆,绝缘等级 200 级,具有良好的电气性能以及防潮、防霉、耐振、寿命长、可靠性高等特点。定子线圈如图 5-3 所示。

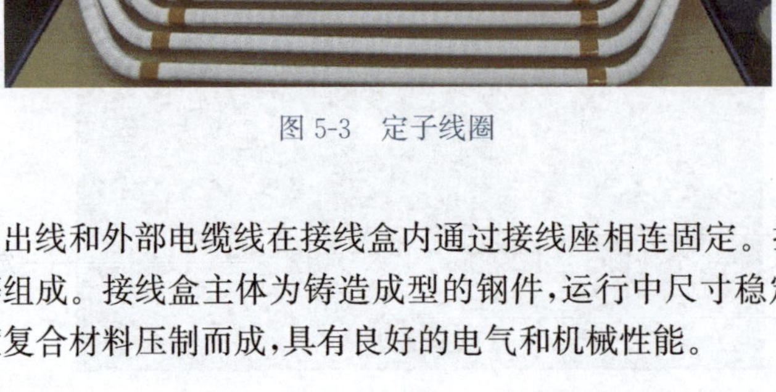

图 5-3 定子线圈

3. 接线盒

电机的内部引出线和外部电缆线在接线盒内通过接线座相连固定。接线盒由接线盒主体、接线座、盖板等组成。接线盒主体为铸造成型的钢件,运行中尺寸稳定性好,不易变形;接线座使用高强度复合材料压制而成,具有良好的电气和机械性能。

(二)转　　子

转子由转轴、转子铁芯、转子绕组、压圈、导条、端环和内油封等组成。

转轴由中碳钢制成,两端由轴承支撑,用来输出转矩。转子铁芯和定子铁芯相似,也由硅钢片叠成,作为电机磁路的一部分。铁芯上开有槽,用于放置或浇注绕组,它安装在转轴上。

转子绕组由铸铝导条或铜条组成,端部用短路环短接。为了保证牵引电机的正常运转,在定子和转子之间存在气隙,气隙的大小对电机的性能影响极大。转子结构如图 5-4 所示,转子实物如图 5-5 所示。

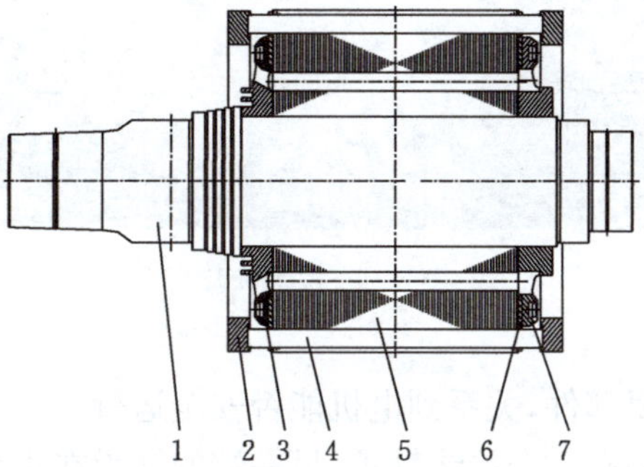

1—转轴;2—端环;3—D 端压圈;4—导条;5—铁芯;6—端板;7—N 端压圈。

图 5-4　转子结构

图 5-5　转子实物

1. 转子基础结构

转子采用铜条鼠笼结构,为获得更大的额定功率和减少损耗,转子铁芯进行了优化设计,采用宽而浅的导条,克服集肤效应,减小损耗,增大最大转矩,以获得宽的恒功运行区,转子槽形设计合理。

为了降低转子发热,导条和端环采用低电阻率的无氧铜;为使鼠笼结构具有高可靠性,导条端部弯型后和端环采用高频钎焊一次性成型焊成一体,端环采用高强度护环进行保护。为防止转子导条在转子冲片槽中振动而产生断条,转子导条插入转子冲片槽中后采取冲紧和端部弯形工艺,导条与端环配合经优化设计减小应力集中,转子导条与转子槽采用小配合间隙设计以保证冲紧效果。

转子铁芯由转子冲片和两端压圈预叠压后,热套至转轴上。转子冲片采用与定子冲片相同的材料。转子冲片如图 5-6 所示。

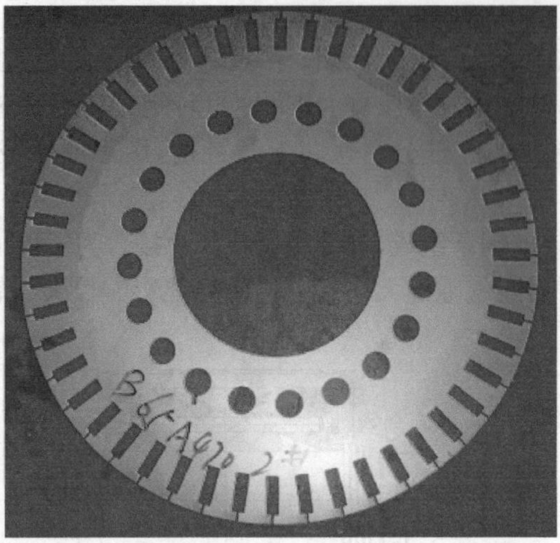

图 5-6　转子冲片

2. 轴承及润滑机构

轴承是电机的一个重要部件,关系到电机能否安全运行。

牵引电机仅在非传动端有一个绝缘轴承,另一端的轴承在小齿轮箱中,小齿轮箱轴承均为绝缘轴承,以防止电腐蚀损伤轴承。电腐蚀电流在电机中有两种通路。第一种通路流经转轴、非传动端轴承、定子、传动端轴承,第二种是定子中的电流通过两端轴承后经转轴和齿轮流向机车接地处。电机采用一端绝缘轴承就可防止第一种通路造成的轴承电腐蚀。

非传动端轴承采用无接触式迷宫密封结构,设有油杯,方便补充润滑脂。非传动端内侧密封迷宫间隙值大,数量多,既可保证安全运行,又可保证密封效果;外侧密封迷宫间隙值很大,而且数量少,长时间运行后,废润滑脂将易于排到外轴承盖内,缓解轴承发热。轴承室体积大,可存储备用润滑脂多,延长润滑周期。

二、工作原理

牵引电机定子通上三相交流电后,在气隙中产生旋转的磁场,该磁场切割转子导条后在转子导条中产生感应电流,带电的转子导条处于气隙旋转磁场中就要产生电动力,使转子朝定子旋转磁场的同一方向旋转。由于转子导条中的电流是因转子导条切割由定子绕组产生的气隙磁场才感应产生的,所以转子的转速只能低于气隙旋转磁场的转速,永远不可能与其同步,否则转子导条与气隙磁场同步旋转,转子导条不再切割磁场产生感应电流和产生电动力了,转子也不可能旋转了,所以按这种原理工作的电机被称为异步电动机。

机车用牵引电机调速普遍采用变频变压调速技术,转速公式为

$$n=\frac{60f}{p}(1-s)$$

式中,n 为转速; f 为定子频率;s 为转差率;p 为电机极对数。

改变定子频率即可改变电机转速,随着定子频率的增加,电机转速相应增加,如果电压不增加,将导致电机磁场减弱,电机转矩将降低,电机磁场降到很低时,电机不能输出足够的转矩,不能满足负载要求;另一方面,低频启动时,如果电压很高,将导致电机过分饱和。因此牵引电机变频时,电压也应在一定范围内保持一定比例的变化,这种调速方式称之为变频

变压调速。牵引电机变频调速主要采用了恒转矩变频调速、恒磁通变频调速、恒功率变频调速等调速方式。

牵引与再生制动原理。在 $1>s>0$ 的范围内,电磁转矩与转子转向相同,它拖动转子旋转,电机从逆变器吸收电能转换为机械能,克服机车阻力驱动机车运行,处于电动机运行状态。$s=1$ 为启动运行状态。在 $s<0$ 的范围内,转子转向与定子旋转磁场一致,转子转速 n 大于电机同步转速 n_1,电磁转矩与转子转向相反,它阻碍转子旋转,电机将机械能转换为电能传送给逆变器,对机车产生制动转矩,电机处于发电机运行状态,称之为再生制动。

三、牵引电机布置

以 HXD_{3C} 型电力机车为例,机车共装有六台牵引电机,顺序布置在两架转向架上。机车的六个牵引变流器分别向六台牵引电机供电。牵引变流器采用了 IGBT 控制,从而在整个速度范围内力矩的波动最小,且在轨面状态不好的情况下能获得最大限度的黏着力。由于整车采用轴控方式,当整台机车六个轴的轮径差、轴重转移及空转等可能引起的负载分配不均匀时,均可以通过牵引变流器的控制进行适当的补偿,以最大限度地发挥机车牵引能力。

牵引系统具有可靠的冗余功能,每台变流柜中有三个独立的整流—中间直流环节—逆变回路。当单个整流—中间直流环节—逆变回路或相应的牵引电机出现故障时,断开相应的逆变器或充电短接开关,机车保持 5/6 的牵引功率;当一台牵引变流器出现故障时,切除该牵引变流器,机车保持 1/2 的牵引功率。

四、维护保养

1. 检查各紧固件及其防松标记状态良好。机座不许有裂纹、损伤,电机铭牌完好、清晰、牢固,下部排水孔不许堵塞。传感器插座紧固牢靠,电缆不许有破损,电缆护套不许有裂纹;固定夹齐全,固定可靠。

2. 检查两端轴承不许有漏油,轴承密封结构外部以及邻近部件不许有积油或大片油渍,补充油脂,油道畅通,油嘴不许有松动及破损。电机 N 端轴承必须每运行 20 万 km 就补充润滑脂,每次补充 70 g。

3. 绝缘电阻的测定。用 1 000 V 兆欧表测量绕组对机座的绝缘电阻值,若绝缘电阻值不符合技术要求,应进行处理。

4. 机车车载安全防护系统地面专家诊断分析,轴承不许有异常。

第二节 辅助电机

辅助电机是指机车上用于驱动各种辅助机械的电机,包括牵引通风机电机、复合冷却塔通风机电机、空气压缩机电机、油泵、水泵等,为机车提供冷却用风、压缩空气、油循环、水循环等功能。电力机车中普遍采用异步电机,由辅助逆变器供电。本节以 HXD_{1D} 型电力机车为例介绍辅助电机。

一、牵引通风机电机

牵引通风机电机驱动牵引通风机,为牵引电机通风系统提供冷却用风,牵引电机通风系统采用独立通风方式。通风机进风口和车体侧墙百叶窗之间通过过渡风道连接,车外空气经车体侧墙百叶窗进入过渡风道,然后通过通风机进风口进入通风机,再经下风道和车体及转向架之间的软风道进入牵引电机。牵引通风机如图 5-7 所示。

图 5-7 牵引通风机

二、复合冷却塔通风机电机

复合冷却塔通风机电机驱动复合冷却塔通风机,为复合冷却通风系统提供冷却用风,复合冷却塔通风支路用于冷却机车变流器和主变压器中相应的散热器。

复合冷却塔风机将空气从车顶百叶窗吸入,向下先冷却牵引变流柜的水/乙二醇混合液散热器,再通过牵引变流柜和主变压器的连接风道冷却主变压器的油散热器,最后热风吹向大气。复合冷却塔通风机如图 5-8 所示。

图 5-8 复合冷却塔通风机

三、空气压缩机电机

空气压缩机电机为空气压缩机提供动能，空气压缩机是一种用以压缩气体的设备。空气压缩机与水泵构造类似。大多数空气压缩机是往复活塞式、旋转叶片或旋转螺杆。空气压缩机如图 5-9 所示。

图 5-9 空气压缩机

四、油　　泵

油泵为机车主变压器油循环冷却系统提供动能，油泵带动主变压器冷却油循环，使变压器冷却油经过复合冷却塔散热器进行散热。每台机车有两个油泵，主变压器为双循环油路冷却。油泵如图 5-10 所示。

图 5-10 油泵

五、水　　泵

水泵为机车变流柜水循环冷却系统提供动能，水泵带动变流柜冷却液循环，使变流柜冷却液经过复合冷却塔散热器进行散热。每台机车有两个水泵，每个水泵实现一个变流柜的冷却液循环。水泵如图 5-11 所示。

图 5-11　水泵

六、维护保养

定期检查电机接线盒，清除灰尘、污垢，注意保证接线盒内的干燥，检查接线板有无裂损、接线柱有无松动、滑扣及歪斜，接线柱间及对地电阻是否符合要求。应在容易锈蚀的地方适当涂上防锈剂。

用 500 V 兆欧表检查定子绕组的绝缘电阻应大于等于 10 MΩ。用 500 V 兆欧表检查接线板的绝缘电阻应大于等于 50 MΩ。

第三节　变　压　器

变压器是利用电磁感应原理制成的一种电气设备，它的作用是将某一种交流电压和电流的电能转换成另一种交流电压和电流的电能，而它们的频率保持不变。

在电力系统中，变压器起到了至关重要的作用。它们可以将电能用于输送、降压、升压等方面，有效地解决了电能传输和使用过程中的问题。同时，变压器还可以用于隔离电源、稳压、限流等方面，可以使电力系统的运行更加可靠、稳定和安全。

一、结构组成

变压器由铁芯和绕组两个基本部分组成。

(一)铁　　芯

铁芯构成了电磁感应所需的磁路。为了增强磁的交链，尽可能地减小涡流损耗，铁芯常用磁导率较高而又相互绝缘的硅钢片相叠而成。

铁芯分为芯式和壳式两种。壳式变压器如图 5-12 所示，芯式变压器如图 5-13 所示。

图 5-12　壳式变压器

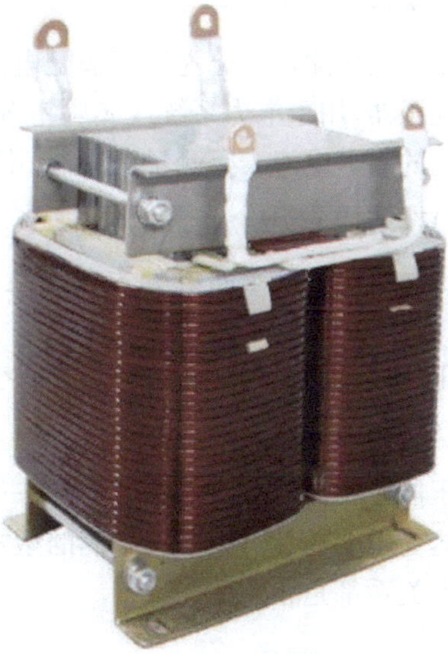

图 5-13　芯式变压器

(二)绕　　组

变压器的绕组用绝缘良好的漆包线、纱包线或丝包线绕成。变压器工作时与电源连接的绕组叫原边绕组或一次侧绕组，与负载连接的绕组叫次边绕组或二次侧绕组。

通常低压绕组靠近铁芯柱的内层，其原因是低压绕组和铁芯间所需绝缘较简单，高压绕组绕在低压绕组的外边。变压器绕组的一个重要问题是必须有良好的绝缘，绕组与铁芯之间、不同绕组之间及绕组的匝间和层间的绝缘要好。

二、工作原理

变压器是按电磁感应原理进行工作的。如果把变压器的原边绕组接在交流电源上，在原边绕组中就有电流流过，这个交变电流将在铁芯中产生交变的磁通，该磁通经过闭合磁路同时穿过原边绕组和次边绕组，交变的磁通将在线圈中产生感应电动势。因此，在变压器的原边绕组中产生自感电动势的同时，在次边绕组中也将产生了互感电动势。对于负载来说，次边绕组中的这个互感电动势就相当于电源电动势。如果在次边绕组上接上负载，那么电能将通过负载转换成其他形式的能。

从能量传递的角度来看，电能通过变压器铁芯中的交变磁通，从原边绕组传递到次边绕组，能量由电源提供。铁芯中的磁通是传递能量的桥梁。变压器只能传递能量而不能产生能量，如果变压器副边有一定的能量输出，那么它的原边就必须有相应的能量输入，当略去变压器内部少量损耗时，则变压器输出的功率和输入的功率是相等的。

三、分　类

变压器的种类很多,不同类型的变压器在性能、结构上有很大差别。变压器可按用途、结构和相数分类。

(一)按用途分类

变压器按用途可以分为用于输配电的电力变压器;用于工业动力系统中直流拖动的专用电源变压器;用于电力系统或实验室等场合的调压变压器;用于测量电压的电压互感器、测量电流的钳形电流表等测量变压器;用于潮湿环境或人体常常接触场合的安全变压器。

(二)按结构分类

变压器按绕组数不同可分为双绕组变压器、三绕组变压器、多绕组变压器以及自耦变压器。

变压器按铁芯结构形式可分为壳式变压器和芯式变压器。

(三)按相数分类

变压器按相数可分为单相变压器、三相变压器和多相变压器。

虽然变压器的种类很多。它们的型式、结构和性能各不相同,但是它们的基本原理和内部的电磁关系都是相同的。

四、牵引变压器

(一)安装方式

牵引变压器为芯式变压器,采用卧式安装,吊挂在车体下,绝缘等级为A级,使用普通矿物油。牵引变压器在材料结构上考虑了－40～40 ℃的工作环境。牵引变压器油箱内设置了一个变压器和两个谐振滤波电抗器以及两个供电电抗器,实现了一体化安装,有体积小、重量轻的特点。油箱采用钢焊接结构。电力机车所使用的牵引变压器如图5-14所示。

图5-14　牵引变压器

(二)牵引变压器结构

1. 牵引变压器铁芯

牵引变压器铁芯的布置和设计适用于机车单元及其牵引变流器的特殊要求。

铁芯为单相型，由两个支撑绕组的两根芯柱和两个铁轭组成。铁芯采用冷轧取向硅钢片，表面进行绝缘涂层处理。为了尽量减小铁芯损耗并降低噪声，选用优质硅钢片，对叠片采取了精确冲孔和叠压。

变压器两根芯柱采用整体包扎。在铁芯两旁设置钢夹板。芯柱和钢板用玻璃纤维带绑扎，然后在干燥炉中进行硬化处理。

两根铁芯柱用铁轭连接。铁轭用不锈钢螺栓连接到夹件上。螺杆夹紧结构和夹件有绝缘材料隔开。

变压器器身部分与油箱之间的紧固牢固，从而能承受机车运行横向及纵向加速冲击。

2. 牵引变压器线圈

牵引变压器次边（牵引、供电）绕组铜导体由换位导线制成，高压绕组采用扁铜线制成。

牵引变压器次边设有六个牵引绕组和两个列车供电绕组。

六个牵引绕组分别给两台变流器中的六个四象限变流器供电；两个列供绕组给列车供电系统 1、2 路供电，如图 5-15 所示。

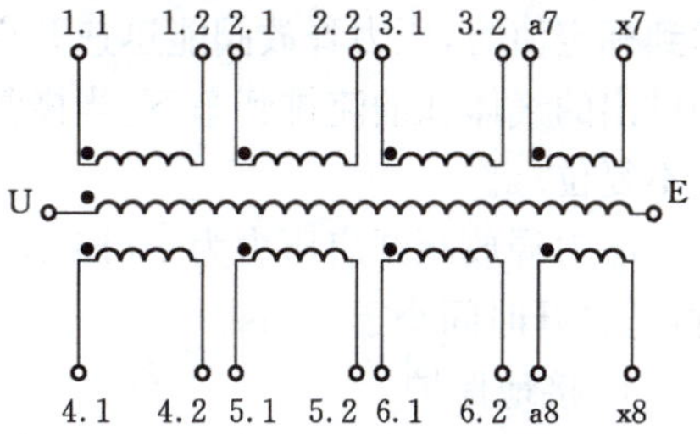

图 5-15　机车变压器结构原理

3. 油箱及箱盖

牵引变压器油箱内设置了一个主变压器和两个谐振滤波电抗器以及两个供电电抗器。

油箱承受变压器器身、电抗器、供电电抗器以及变压器油的重量。变压器油箱吊装在机车地板安装梁下方。

箱盖采用螺栓连接与变压器油箱紧固。油箱及箱盖板的材质为钢板。

4. 其他附件

牵引变压器附件主要有两个油流继电器、两个注油阀、一个压力释放阀、两个电阻温度计、一个软管连接到冷却塔的快速接头、一个吸湿器等。

油流继电器作用是检测变压器油循环是否正常。

压力释放阀的作用是当变压器油箱内部因某种故障而使压力急剧增大，其压力达到标定值时，压力释放阀能迅速开启释放，从而防止变压器油箱破裂或爆炸。

电阻温度计用来测量变压器油箱内的油温，电阻温度计与机车计算机检测系统连接，计算机根据电阻温度计检测到的变压器油温来判断变压器的工作是否正常。

吸湿器装在储油柜上，其作用是对进入储油柜的空气进行干燥。吸湿器里的吸湿剂为硅胶，呈橘色，可用来吸收空气中的灰尘和水分，以缓解油质的劣化速度。

（三）牵引变压器的冷却

牵引变压器是通过 45 号变压器油，采用双循环油路进行冷却。大部分的冷却油存储于牵引变压器的箱体内。两个冷却油泵从变压器的上部箱体抽取高温变压器油，并通过两路管路传送到带风机的复合冷却塔内进行强迫通风冷却，然后返回变压器。当牵引变压器运行时，油泵必须工作。

(四)牵引变压器的保护

1. 温度保护

通过变压器上的两个温度传感器进行保护，变压器油温超过 82 ℃时，机车降低功率；变压器油温超过 88 ℃时，微机发出分主断指令，实施保护。

2. 油流保护

通过两个油流继电器进行保护。油流作用于油流继电器的叶片上，使油流继电器的微动开关动作，显示油循环是否正常。在变压器投入运行时，如果油流停止或油流反向，油流继电器的微动开关不会动作，此时，机车上的计算机检测系统判断变压器油泵异常。当温度低于 10 ℃时，不采集油流继电器的信号。

3. 压力保护

通过压力释放阀进行保护。当变压器油箱内部因某种故障而使压力急剧增大，其压力达到标定值时，压力释放阀能迅速开启释放，从而防止变压器油箱破裂或爆炸。从压力释放阀排出的气体和油流排到车下，当恢复正常时，阀口关闭。压力释放阀动作时信号杆将弹起且不复位。

压力释放阀开启压力为 70 kPa，关闭压力为 20 kPa。对压力释放阀以每秒 10 kPa 增压时，其打开时间小于 2 ms。

4. 接地保护

通过原边电流互感器和接地电流互感器的差值保护来实现接地保护。

五、维护保养

(一)壳体及外部组件

铭牌标识应清晰，安装紧固件无松动，变压器表面防腐涂层无剥落，发现有涂料剥落或金属表面生锈的现象时，应除去锈痕、污物和剥落涂料，补刷防锈漆。

(二)接线装置

目视检查高压端子、接地端子、低压绕组出线端子有无漏油、破损、污损，端子拧紧部位松动及过热变色现象。若漏油、破损现象严重时应进行更换；在出现松动、过热变色现象时需拧紧调整；污损时应进行清扫。

(三)冷却系统

1. 检查吸湿器。当吸湿剂吸收灰尘和水分失效时，吸湿剂则呈现红色。如发现吸湿剂三分之二变为红色时，就需要更换硅胶或对其进行再生处理。

2. 检查油位表。油面低时检查是否有漏油部位，如有则进行修理。无漏油部位，将油加到规定位置为止。

3. 检查油泵。运行时声音应平稳、轻快，无卡滞，声音均匀和谐而无有害杂音；接线盒内连接线应无烧损迹象；检查密封圈、接线盒内部和外壳等处是否有漏泄及异常现象。

4. 清扫油冷却器。卸下油冷却器上部的通风机，从出风口侧向冷却器部位输送压缩空气，然后再对入风口侧的管道内进行清扫。在堵塞严重时应进行水洗或用水蒸气进行清洗。

(四)保护装置

压力释放阀应无油流痕迹，电信号显示正常。若压力释放阀动作，应彻底查清故障原因，故障排除后手工复位压力释放阀信号杆。

油流继电器指针指示方向与油流方向一致，无油流时应指示零刻度，电信号显示正常。

复习思考题

1. 牵引电机由哪几部分组成？
2. 简述牵引电机的工作原理。
3. 电力机车上的辅助电机有哪些？
4. 变压器按结构分为哪几类？
5. 简述变压器的工作原理。

第六章　变　流　器

变流器是电力机车牵引传动系统的关键部件之一，将变压器提供的工频交流电转换为不同电压等级及频率的电器设备，为机车中的用电器及线路提供多种形式的电能。机车上主要有牵引变流器和辅助变流器，本章主要介绍这两种变流器的结构组成、工作原理，及保护方式、相关维护保养知识及要求。通过本章的学习，能够初步了解牵引变流器及辅助变流器结构原理及检修方法。

第一节　牵引变流器结构组成及功能

牵引变流器包含两个四象限整流器、中间直流回路、PWM 逆变器和一个为辅助设备供电的辅助逆变器。

牵引变流器通过变压器与单相 25 kV/50 Hz 交流接触网相连。输入线路接触器控制变压器的次边绕组与牵引变流器连接。直流支撑回路通过两个预充电单元和两个并联的四象限整流器供电。直流支撑回路中包含有直流支撑电容、谐振回路、接地检测单元和保护模块。通过 PWM 逆变器，直流支撑回路中的电能被转换为变频变压的三相交流电，提供给三相异步牵引电动机。

牵引变流器柜布置如图 6-1 所示。

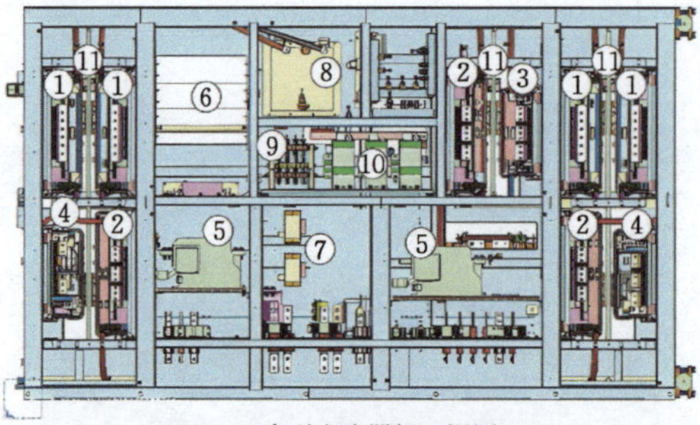

（a）牵引变流器柜正视图

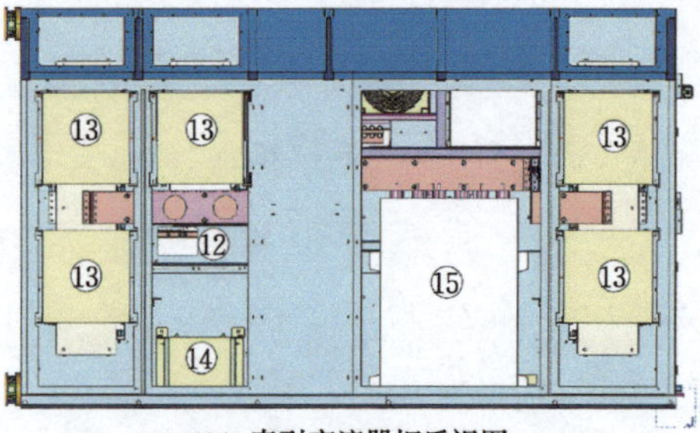

（b）牵引变流器柜后视图

1—四象限整流器；2—PWM 逆变器；3—辅助逆变器；4—保护模块；5—输入线路接触器；6—牵引控制单元；7—预充电开关；8—风机；9—预充电电阻；10—直流支撑回路线路接触器；11—放电电阻；12—接地故障检测电阻；13—直流支撑回路电容器；14—SCB 电阻；15—谐振吸收回路电容器。

图 6-1　牵引变流器柜布置

牵引变流器作为机车牵引传动系统的重要设备，安装在机械间内。牵引控制单元位于牵引变流器柜体内部，机车的中央控制单元位于牵引变流器的外部。机车的操作控制和显示部件必须靠近驾驶员，被置于司机室内，牵引变流器柜体上没有操作控制和显示部件。牵引变流器必须与配套的外部部件一起工作。

牵引变流器由输入线路接触器和预充电单元，四象限整流器，直流支撑回路电容组，固定放电电阻、接地故障检测单元，谐振电路、谐振吸收电抗器（被设置在牵引变流器柜体外），短路放电装置，脉宽调制逆变器，控制和监视等功能模块组成。

一、输入线路接触器和预充电单元

输入线路接触器安装在牵引变压器次边绕组和四象限整流器之间，用于控制牵引变流器与变压器的通断。如果牵引变流器出现故障，可以通过分断线路接触器将故障牵引变流器隔离，而与变压器相连的其他牵引变流器就不会受到影响。只有在无电流的状态下，线路接触器才可以断开。当主断路器处于闭合状态时，不得将其断开。

预充电单元以并联方式连接在线路接触器上。预充电单元由一个预充电接触器和一个预充电电阻组成。当牵引变流器投入运行时，首先通过预充电单元对中间支撑电容进行充电，然后再闭合输入线路接触器，这样可以避免大的电流冲击。否则，如果输入电压直接加载到未充电的支撑电容器组上，将会导致瞬间峰值电流。当中间直流电压达到其理论终值的 95%后，线路接触器才可以切换至闭合状态。

二、四象限整流器

在每个牵引变流器中，有两个并联的四象限整流器。每个四象限整流器由两个相模块组成。四象限整流器如图 6-2 所示。四象限整流器将来自主变压器的单相交流输入电压转换为直流电压供给中间直流支撑回路。在牵引工况以及制动工况下，电压和电流之间的相位角是完全可调节的。通过对电压 U_{ST} 和电流 I_N 间的相位角的控制，能实现整流器的四象限运行。

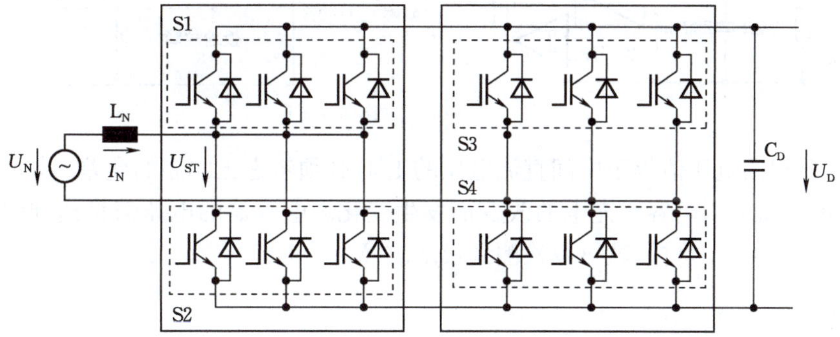

图 6-2 四象限整流器

相模块由 IGBT 元件构成，IGBT 综合了 GTR 和 MOSFET 的优点。GTR 是双极型电流驱动器件，由于具有电导调制效应，所以其通流能力很强，但开关速度较低，所需驱动功率大，驱动电路复杂。而电力 MOSFET 是单极型电压驱动器件，开关速度快，输入阻抗高，热稳定性好，所需驱动功率小而且驱动电路简单。IGBT 将这两类器件相互取长补短，因而具有良好的特性。

在电力机车上,IGBT 起着关键作用。它通过精准控制信号的导通与关断,将频率和电压固定的交流电,转换为频率和电压均可调的交流电或直流电,起交流调压与整流作用。在牵引变流器中,IGBT 控制 PWM 信号的波形,从而实现对牵引电机转速、扭矩的精确控制,满足机车在不同运行条件下的动力需求,保障机车的安全、高效运行。

三、直流支撑电容

直流支撑电容作为储能器,起缓冲和平滑中间直流回路电压的作用。这个储能器是必要的,因为在一个短的时间周期内输入的能量和输出的能量不相等,因此也可以说支撑电容对牵引变流器和牵引电机进行了能量解耦。中间直流回路中有多个直流支撑电容组成直流支撑电容组,直流支撑电容组如图 6-3 所示。

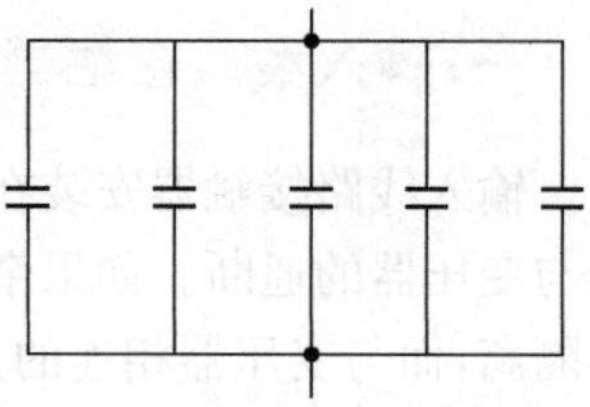

图 6-3 直流支撑电容组

四、固定放电电阻器及接地故障检测

高阻值电阻并联在牵引变流器的直流支撑回路和谐振吸收电容器上。这些电阻用于牵引变流器非正常关闭后电容的放电。

接地故障检测单元由分压器、拟位势绝缘的差动放大器和一个比较电路组成。固定放电电阻器按 99 kΩ∶33 kΩ 的比例划分成两部分。电阻器的中心抽头接地,一个滤波电容器并联在阻值低的电阻器上。通过监控该电容器的电压,当发生接地故障时,被测电压发生变化。由此,相关联的牵引控制单元就能识别一个接地故障。接地故障检测单元如图 6-4 所示。

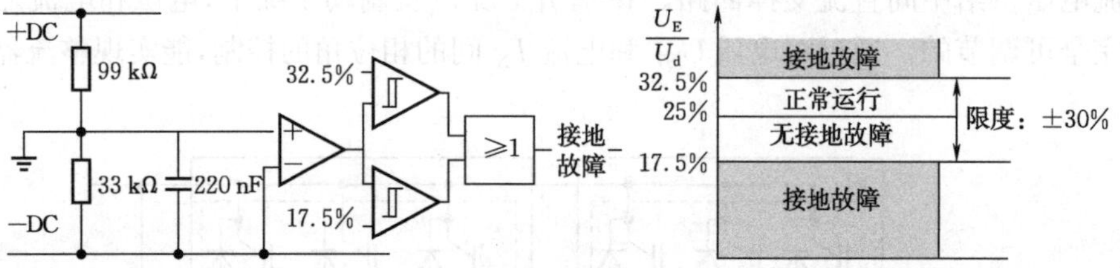

图 6-4 接地故障检测单元

传感器测得的电压值等于中间直流电压的 1/4,必须考虑±30%的允差。如果发生接地故障,被测电压就会因电容器充电的改变而发生变化。电容器的电压值将达到中间直流电压的 0%或者 100%。这样,就可以检测到接地故障。

五、谐振吸收回路

谐振吸收回路是一个谐振电路,由谐振电容器和置于牵引变压器中的谐振电抗器组成,用来过滤中间直流支撑回路中双倍基频输入电压的纹波分量,作为一个串联的谐振电路,其谐振频率为两倍基波频率。为了保证其谐振频率精准,谐振电容器分为固定电容器和可调电容器两部分。谐振电路如图 6-5 所示。

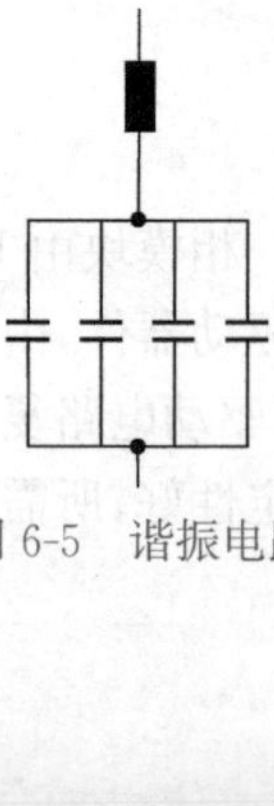

图 6-5 谐振电路

六、短路放电装置

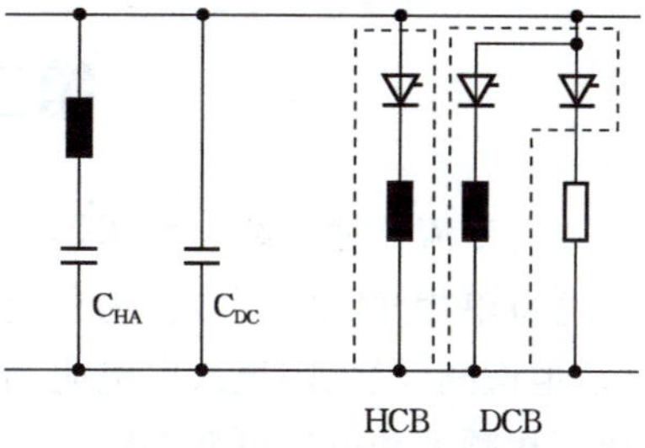

图 6-6 短路放电装置

短路放电装置是保护模块，由一个硬短路放电装置和一个双工能短路放电装置组成。短路放电装置如图 6-6 所示。

硬短路放电装置由两个并联连接的基本硬短路放电装置组成，基本短路放电装置包含一个短路晶闸管及其控制装置和扼流圈。硬短路放电装置仅用于 IGBT 非常危急的情况，能够迅速地对中间直流支撑回路放电，以一定的周期及时地吸收来自牵引变压器和牵引电机反馈的能量，避免其他部件受到任何损坏。短路放电装置的触发由牵引控制单元实现。

七、脉宽调制逆变器

脉宽调制逆变器连接到直流环节，脉宽调制逆变器由三个模块组成。逆变器在输出端 U、V、W 处提供一个变频变压的三相交流电源，输出三相变频变压 VVVF 电源给牵引电机。根据控制指令，变流器能够平稳迅速地进行牵引和制动工况间的相互转换，整个过程由逆变器控制单元来实现，在制动工况，再生电能反馈到接触网，实现再生制动。脉宽调制逆变器电路如图 6-7 所示。

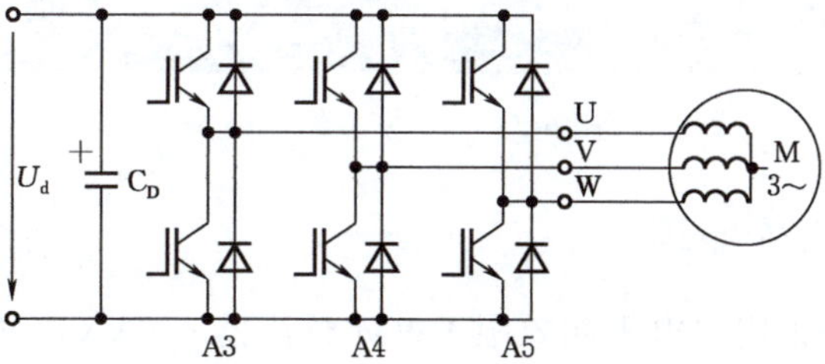

图 6-7 脉宽调制逆变器电路

八、控制与监视设备

每一个独立的牵引变流器都有一个专用的牵引控制单元。牵引变流器柜外有机车的中央控制单元。牵引控制单元被用来监视和控制/调节牵引变流器。

牵引控制单元控制主电路，采用 PWM 调制实现四象限脉冲整流器控制，采用直接转矩控制完成对异步牵引电动机的精确转矩控制，实现完全微机化、数字化的实时控制。具有符合列车通信网络标准的通信接口，对外与车辆总线相连，与中央控制单元等形成控制与通信系统。

牵引控制单元主要功能是完成对机车的牵引/制动特性控制、逻辑控制、故障保护，实现对四象限整流器和牵引逆变器及交流异步牵引电机的实时控制、黏着利用控制，以满足车辆动力性能、故障运行、救援能力及实现预期的运行速度等。

第二节 工作原理

牵引变流器输入端与变压器的次边牵引绕组相连,并通过接触器分断闭合,通过四象限整流器将单相交流电压转变为稳定的中间直流电压。中间直流回路设有支撑电容、谐振电容、接地检测模块、固定放电电阻、斩波电阻和保护模块等。中间电压经过 PWM 逆变器转换成三相频率和电压可变的输出电压给三相异步牵引电机。

机车上的两台牵引变流器对称布置在机械间中部走廊的两侧。牵引变流器外观如图 6-8 所示。

图 6-8 牵引变流器外观

一、牵引变流器工作原理

牵引变流器主电路采用二电平四象限 PWM 整流器+VVVF 逆变器+辅助变流器模式,由三个四象限 PWM 整流器和三个 VVVF 逆变器组成,每个四象限 PWM 整流器和一个逆变器组成一个独立的供电单元,为一台牵引电机供电。三个主电路单元的直流回路通过隔离开关并在一起,正常工作时隔离开关闭合,三个单元共用直流回路和二次谐振回路。每个主电路单元有独立的预充电回路和固定放电回路。

每个变流柜的主电路和控制电路相对独立,分别向六个牵引电动机和整车辅助系统提供交流变频电源。当一组变流器发生故障时,通过微机控制系统,自动将发生故障的变流器切除,也可通过微机显示屏隔离某个变流器,机车继续维持 1/2 的牵引动力,辅助系统通过故障切换,由两组辅助变流器完成对全车辅助系统及控制系统的供电,实现机车的冗余控制。牵引控制单元位于牵引逆变器柜内部,操作和指示器元件设置在司机室内。

每台机车设有两台水冷变流器,每台变流器有一个冷却回路及一个冷却水泵,冷却回路及冷却水泵位于冷却塔中。冷却液分别通过单独的冷却塔水散热器进行强迫风冷。变流器冷却液温度可在微机显示屏显示界面进行查看。

牵引工况时单相工频电网电压经四象限整流器整流为稳定的中间直流电压,再经逆变器逆变为三相 VVVF 电压供给牵引电机。再生制动工况时牵引电机发出的三相交流电压经整流、逆变后通过变压器、受电弓反馈回电网。

二、辅助变流器工作原理

每台机车有两个辅助变流器，每个变流器包含一个辅助逆变器，辅助逆变器为辅助变压器提供电源，再由辅助变压器为辅助设备提供电源。

辅助变流器1以变频变压方式工作，为六个牵引通风机和两个复合冷却塔风机供电，控制系统根据各牵引电机的温度、牵引变压器油温和牵引变流器水温给定其工作的电压和频率，从而无级调节辅机的输出功率。

辅助变流器2以恒频恒压方式工作，为恒频恒压工作的空气压缩机、水泵、油泵、空调、蓄电池充电机、滤波柜风机、列供柜风机、司机室加热装置、两端司机室的插座、前窗玻璃加热器、司机室取暖器、风扇、低压柜风机等设备供电。

辅助逆变器由牵引变流器的中间直流回路供电，机车在过分相区时牵引电机用作发电机，为中间直流回路充电，所以辅助回路具有自动过分相不间断供电功能。同时变流器的中间直流回路向蓄电池直流负载供电，负载包括蓄电池充电机、网络控制电源、牵引控制系统电源、制动系统电源、照明电源、辅助压缩机、冰箱、监控电源等。

辅助变压器分别安装在机械间辅助滤波柜内，并由专门的冷却通风机进行强迫冷却。两个辅助变压器进行了冗余设计，在各自的输出接触器之后也设置了一个故障转换用接触器，当一个辅助变压器出现故障时，系统重新配置，故障辅助变压器后面的输出接触器断开，故障转换接触器闭合，同时供电的辅助逆变器也停止工作，另一个辅助变压器将同时承担故障变压器所带负载。此时所有辅助设备都以恒频恒压方式工作。

辅助变压器为辅助设备所提供的电源具有完备的保护措施，包括过电压、欠电压、过载、接地和过热等保护。

第三节 维护保养

一、牵引变流器

1. 日常清洁与检查。定期清洁牵引变流器柜体表面及内部的灰尘和杂物，防止灰尘堆积影响散热和电气绝缘性能。使用干燥的压缩空气或软毛刷进行清洁。检查柜体的外观，查看有无变形、损坏、掉漆、腐蚀等情况；检查柜门的密封性能，确保柜体的防护等级。检查柜体的安装固定情况，确保柜体安装牢固，无松动现象；检查连接螺栓、螺母等紧固件的紧固程度，必要时进行紧固。

2. 电气连接检查。检查牵引变流器内部的电气连接，包括母线排、电缆连接、接插件等，查看连接是否牢固，有无松动、过热、氧化、腐蚀等现象。检查电气连接的绝缘性能，使用兆欧表测量绝缘电阻，确保绝缘电阻值符合要求；检查绝缘护套、绝缘隔板等绝缘部件的完整性和性能。

3. 冷却系统维护。检查冷却系统的运行状况，包括风扇、水泵、散热器等部件，查看风扇是否正常运转，有无异常噪声、振动；检查水泵的工作状态，有无漏水、异常声音；检查散热器的表面是否清洁，有无堵塞、变形等情况。定期更换冷却系统的冷却液，确保冷却液的性能符合要求；检查冷却液的液位、温度、压力等参数，确保冷却系统正常工作。

4. 功率模块检查。检查牵引变流器的功率模块,包括IGBT、二极管、电容器等,查看模块的外观有无损坏、变色、变形等现象;检查模块的安装固定情况,确保模块安装牢固。使用专业的测试仪器对功率模块进行性能测试,包括导通特性、开关特性、耐压性能等,确保功率模块性能正常;对于性能下降或损坏的功率模块,及时进行更换。

(1)极性判断

选择指针万用表R×100 Ω或R×1 kΩ挡分别测量IGBT的任两个极之间的正反向电阻,其中一极与其他两极之间的正反向电阻均为无穷大,则判定该极为IGBT的栅极。测量另外两极的正反向电阻,在正向电阻时,红表笔接的为IGBT的集电极,黑表笔接的为IGBT的发射极。

(2)性能判断

选择指针万用表的R×10 kΩ挡。黑表笔接集电极,红表笔接发射极,用手同时触击一下集电极和控制极。若万用表指针偏转并站住,再用手同时触击一下发射极和控制极,万用表指针回零,则该IGBT为好的,否则为坏的IGBT。

5. 控制电路检查。检查牵引变流器的控制电路,包括控制板、传感器、信号线路等,查看控制板的外观有无损坏、元件有无松动、虚焊等现象;检查传感器的安装位置、工作状态,确保传感器正常工作;检查信号线路的连接是否牢固,有无断线、短路等现象。对控制电路进行功能测试,包括触发信号、保护功能、调节功能等,确保控制电路功能正常;定期更新控制软件,确保软件版本与机车的运行要求相匹配。

6. 预防性试验。定期对牵引变流器进行预防性试验,包括绝缘试验、耐压试验、功能试验等,以验证牵引变流器的性能和安全性;根据试验结果,对发现的问题及时进行处理和整改。

7. 数据记录与分析。建立牵引变流器的维护保养记录,详细记录每次维护保养的内容、时间、人员、发现的问题及处理措施等信息;对维护保养数据进行分析,总结故障规律和趋势,为制定更合理的维护保养计划提供依据。

二、辅助变流器

1. 定期检查与清洁。按照规定的维护周期,对辅助变流器的外壳进行清洁,去除表面的灰尘、油污和杂物,使用干燥的清洁布进行擦拭,注意不要使用湿布,以防水分进入内部造成故障。打开柜体,对内部元件、电路板、连接线路等进行清洁,使用压缩空气喷枪小心清除灰尘。

2. 电气连接检查。检查输入和输出线路的连接端子,确保连接紧固,无松动、氧化、过热变色等现象。查看各电路板之间的连接插头、插座,保证连接可靠,无接触不良。

3. 冷却系统维护。如果辅助变流器采用风冷方式,检查风扇的运行状况,包括风扇叶片是否损坏、风扇转速是否正常、有无异常噪声等;清洁风扇滤网,防止灰尘堵塞影响通风散热。对于液冷系统,检查冷却液的液位、颜色和流动性;检查冷却液循环管路有无泄漏、堵塞;检查散热器表面是否清洁,散热效果是否良好。

4. 元件与模块检查。检查功率半导体元件(如IGBT、二极管等),查看外观有无损坏、裂缝、变色等迹象;测量元件的关键参数(如导通电阻、反向漏电流等),判断其性能是否正常。检查电容器,观察外观有无鼓包、漏液;使用电容表测量电容值,判断其容量是否在正常范围内。检查电感、变压器等磁性元件，查看铁芯有无过热变色、线圈有无短路、断路等现象。

5. 控制与保护系统检查。检查控制板上的电子元件，查看有无虚焊、脱焊、元件损坏等情况。检查各种传感器(如电流传感器、电压传感器、温度传感器等)的工作状态，确保其输出信号准确、稳定。对保护电路进行功能测试，确保过流保护、过压保护、过热保护等功能正常有效。

6. 性能测试。在规定的条件下，对辅助变流器进行性能测试，包括输出电压、输出频率、输出功率、效率等参数的测量，与标准值进行对比，判断其性能是否满足要求。进行负载试验，模拟实际工作负载，检查辅助变流器在不同负载条件下的工作稳定性和可靠性。

7. 数据记录与分析。每次维护保养过程中，详细记录检查结果、测试数据、维修内容和更换的部件等信息。对记录的数据进行分析，总结故障发生的规律和趋势，为制定更合理的维护计划和改进措施提供依据。

复习思考题

1. 简述电力机车牵引变流器的作用。
2. 简述电力机车牵引变流器的结构组成。
3. 电力机车牵引变流器由哪些功能模块组成?
4. 简述电力机车牵引变流器的工作原理。
5. 简述电力机车辅助变流器的作用。

第七章 网络控制系统

网络控制系统(DTECS)是保障机车安全、高效运行的关键核心技术之一。它将机车各个子系统有机地连接起来,实现了信息的实时交互和集中管理。

网络控制系统是专为轨道车辆的控制和通信而设计的一套车载计算机系统,主要完成轨道车辆的通信管理、功能控制、故障诊断、信息显示和事件记录等功能。它采用分布式控制技术,即分布采集及执行、中央集中控制与管理。DTECS 网络采用 TCN 列车通信网络技术(MVB+WTB),具有实时性、确定性、可靠性和可管理性的优点,在介质访问控制方法、寻址方式和通信服务种类等方面具有一定的优势。本章主要介绍 HXD_{1D} 型电力机车网络控制系统。

第一节 网络控制系统组成及功能

网络控制系统主要由硬件和软件两部分组成。硬件方面包括车载网络设备,如网关、智能显示单元、终端节点等,通过这些设备构建起可靠的通信网络,使得各类数据能够在机车内部快速传输。在软件层面,网络控制系统具备强大的控制逻辑和算法。它能够实时采集机车各部件的状态信息,如牵引系统、制动系统、供电系统等的工作参数和故障信号。通过对这些数据的分析和处理,实现对机车的精确控制和智能化管理。

一、系统组成

网络分为列车级控制和车辆级控制,列车控制级采用绞线式列车总线 WTB,车辆控制级采用多功能车辆总线 MVB。其中,WTB 总线是专为铁路机车车辆重联而开发的高可靠和实时的现场总线,它特别适合用于需要动态编组的列车。MVB 是专为铁路机车(车辆)内设备互联而开发的高可靠和强实时的现场总线。

网络控制系统由 WTB/MVB、网关模块 GWM、车辆控制模块 VCM、记录存储模块 ERM、数字量输入输出模块 DXM、数字量输入模块 DIM、模拟量输入输出模块 AXM 和微机显示屏 IDU 等组成,通过 MVB 与牵引控制单元 TCU、辅助控制模块 ACU、制动控制单元 BCU 等进行通信。

二、系统功能

(一)控制功能

1. 牵引/制动特性控制

牵引时手柄设定牵引力,制动时手柄设置制动力。根据特性曲线和牵引力的上升/下降斜率等进行牵引/制动力的给定控制。

2. 牵引/制动力分配控制

根据各动力轴的不同情况及各转向架的不同情况，修改特性控制计算的设定力矩。

3. 顺序控制

根据节点号确定机车的不同状态。节点号是所有系统处理器（总站）的参考号，可以据此对机车操作过程作出明确规定，顺序控制还可以执行各种保护功能，例如只有当顺序控制达到相应的节点或状态后主断才可闭合。

4. 逻辑控制

逻辑控制主要包括受电弓的控制、主断路器的控制、网压监视和变压器监视等。

5. 辅助系统控制

辅助系统控制包括辅助系统的启动及停机控制、辅助系统接触器控制、辅助系统变频等级的计算及控制、辅助系统故障切换、压缩机的控制等。

6. 防空转/滑行控制

防空转/滑行控制就是指根据当前实际动力轴的状态控制牵引/制动力输出的大小，从而减小空转/滑行对车辆带来的不利影响。

7. 空电联合控制

空电联合指的是为达到减少轮对磨损、节约电能的目的，而使车辆在制动过程中，优先选择电制动，空气制动补偿到满足列车制动要求的行为。

8. 重联运行控制

软件设置可进行三台机车的重联，通过 WTB 进行命令的传输及重联车状态信息的反馈（包括故障信息）甚至消除，保证前后机车协调一致地进行工作。

9. 分相区控制

机车过分相时能将牵引力快速而平稳下降到 0，断“主断”，过分相后自动恢复分相前的牵引运行状态。防止由于司机操作失误使机车带电过分相。

10. 轮径手动修正功能

只有机车在静止时才可以凭密码输入参考轮径。

11. 无人警惕控制

当控制部件无动作或长期激活控制部件，此时警惕装置报警并通过开始惩罚制动或激活机车自动制动。

12. 定速控制

实现定速控制的条件是主司控器在“牵引”区域、没有空气制动、没有牵引封锁、已经输入了有效的列车重量。

(二)保护功能

1. 列车级保护

列车级保护是指引起全列车都进行保护的动作，主要包括紧急制动、牵引封锁和电制动力封锁。

2. 车辆级保护

车辆级保护是指引起本节车进行保护的动作，主要包括蓄电池欠压保护、牵引封锁、电制动力封锁、变流器封锁、逆变器封锁、主断路器断开、受电弓降下、功率限制和启动联锁。

3. 部件级保护

部件级保护是指引起各设备进行保护的动作,一般由各设备完成,主要包括电机组牵引封锁、电机组制动力封锁、电机组脉冲封锁和电机组功率限制。

(三)监视功能

网络控制系统对机车一般故障、空转滑行故障、接触网电压和机车运行工况等进行监视,并在司机室显示屏显示相关信息。可以对主断路器设备状态进行监视,通过显示屏按照实际情况显示清晰的信号名称、拓扑位置和状态量,还可以对机车运行数据实时监视,并将机车的重要数据在显示屏上按照实际情况实时显示出来。

(四)诊断功能

车载综合故障检测与子系统故障检测信息传输到事件记录模块 ERM,通过 ERM 传输到智能显示单元 IDU,由 IDU 诊断其故障类型,如是严重故障,操作人员则需注意或立即采取行动,如是中等故障,则提醒操作人员注意该故障,如是轻微故障,一般是列车操作人员触发的故障,可根据具体情况处置。

第二节 智能显示单元

机车网络控制系统信息显示设备即智能显示单元 IDU,机车装有两个智能显示单元 IDU,分别位于两个司机室内。智能显示单元 IDU 通过多功能车辆总线 MVB 与其他设备通信,并以适当形式显示在液晶显示屏上。同时智能显示单元 IDU 还提供输出接口,通过 MVB 网络将指令传送至其他设备,完成数据信息交换。

智能显示单元 IDU 的关联对象为车辆控制模块 VCM、事件记录模块 ERM、网关模块 GWM、牵引控制单元 TCU、制动控制单元 BCU、模拟量输入输出模块 AXM、数字量输入输出模块 DXM、数字量输入模块 DIM 等。

一、主要功能

智能显示单元 IDU 是机车网络控制系统的终端设备,是司机和维护人员操作机车的窗口,具备如下功能:

1. 机车信息显示

向机车驾驶人员和维护人员提供机车综合信息、各设备的工作状态、故障信息的综合与处理等功能。

2. 参数设定

对轮径值、列车重量、时间日期等参数进行更改与设定。

3. 模拟测试

静止情况下,模拟机车运行,对牵引/制动系统相关部件进行模拟测试。

二、按键介绍

智能显示单元 IDU 按键布局如图 7-1 所示,上排从左到右依次为:内部温度、液晶屏背光关断、背光调暗、背光调亮、日夜亮度切换、音量调小、音量调大、事件信息、处理信息、帮助。右排从上往下依次为:取消、上、下、左、右、确认。下排:数字键或软键,其实际功能与界面对应。

1—显示器最高温度键;2—关闭背光灯键;3—背光调节键;4—昼夜切换键;5—音量调节键;6—事件查询键;7—信息查询键;8—帮助键;9—取消键;10—确认键。

图 7-1　按键布局

三、显示界面介绍

显示器上电启动后,自动执行到显示程序"主界面",通过"主界面"可以触摸或者按压薄膜按键选择"主要数据界面""控制设置界面""机车设置界面""运行条件界面""检修模式界面""状态信息界面""定速按键"等。"主要数据界面"下,通过触摸或者按压薄膜按键可以进入"控制系统界面""辅助系统界面"等。

(一)单机情况下主界面

单机情况下主界面显示如图 7-2 所示。

机车显示屏上电后自动运行至此界面。通过按压显示屏下排的数字键或软键,可以进入对应的显示界面。比如,按"1"键,可以进入"牵引数据界面",按"0"键,回到"主界面"。通过此界面能观察到网压、原边电流、控制电压、列供电压和电流等数据。

(二)显示机车编号界面

机车编号设置界面如图 7-3 所示。

在"检修设置界面"下,按"1"键,可以进入此界面进行机车编号的输入或更改。按显示屏上的"返回"键,返回"检修设置界面"。

(三)显示版本信息界面

版本信息查询界面如图 7-4 所示。

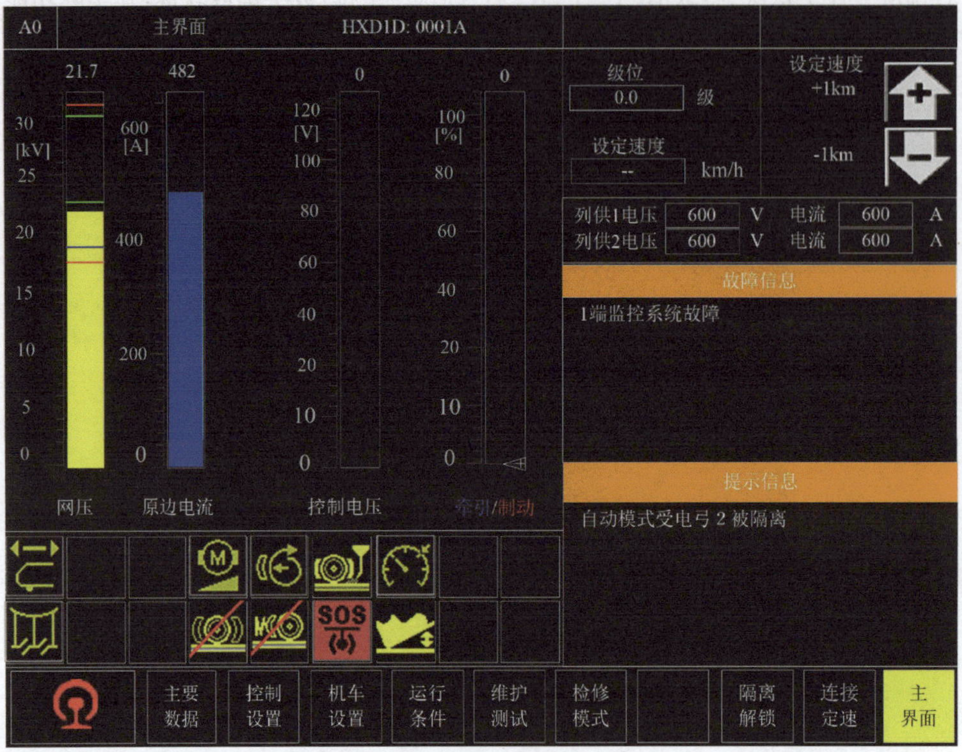

图 7-2 单机情况下主界面

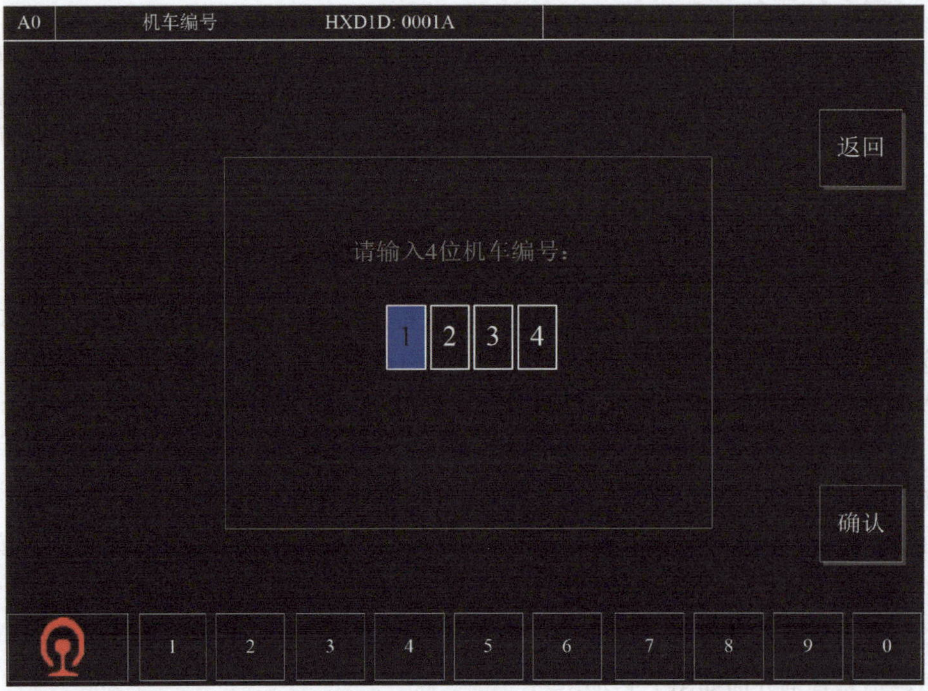

图 7-3 机车编号设置界面

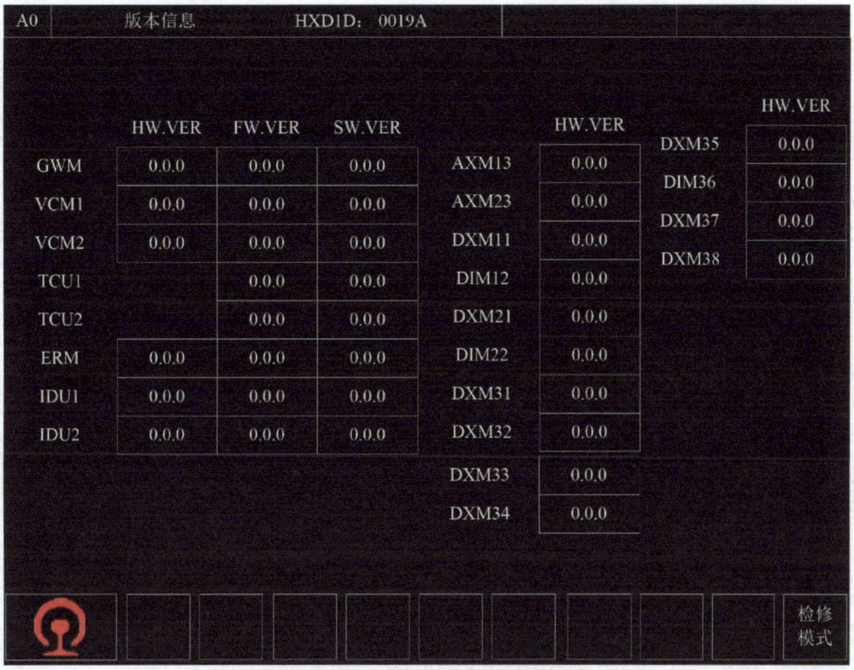

图 7-4 版本信息查询界面

在“检修模式”界面下，按“1”键进入此界面，按“0”键返回“检修模式”界面。通过此界面，能查询到智能显示单元 IDU、车辆控制模块 VCM、事件记录模块 ERM、网关模块 GWM、传动控制单元 TCU、制动控制单元 BCU、模拟量输入输出模块 AXM、数字量输入输出模块 DXM、数字量输入模块 DIM 等单元或模块的当前版本信息。

(四)显示牵引数据界面

牵引数据界面如图 7-5 所示。

在“主界面”下，按“1”键进入此界面，按“0”键返回“主界面”。

此界面中除了主界面的原边电压电流区数据有所改变，其他都和主界面相同。通过此界面能观察到牵引相关数据，如牵引电机功率发挥情况等信息。

(五)显示机车配置界面

单机情况下，机车配置界面如图 7-6 所示。

在“主要数据界面”下，按“2”键进入此界面，按“0”键，返回“主界面”。通过此界面能观察到机车的配置情况。

(六)显示控制系统界面

控制系统界面如图 7-7 所示。

在“主要数据界面”下，按“3”键进入此界面，按“0”键返回“主界面”。

通过此界面能观察到 MVB 网络设备的工作状态和 MVB 的 A/B 线状态。

控制系统模块显示绿底黑字为正常工作状态；显示红底黑字为故障状态；显示橙底黑字为部件通信故障；显示灰底黑字为单元或模块的初始状态。LineA/B 线显示绿色线条为正常工作状态，显示红色线条为故障状态，显示灰色线条为初始状态。

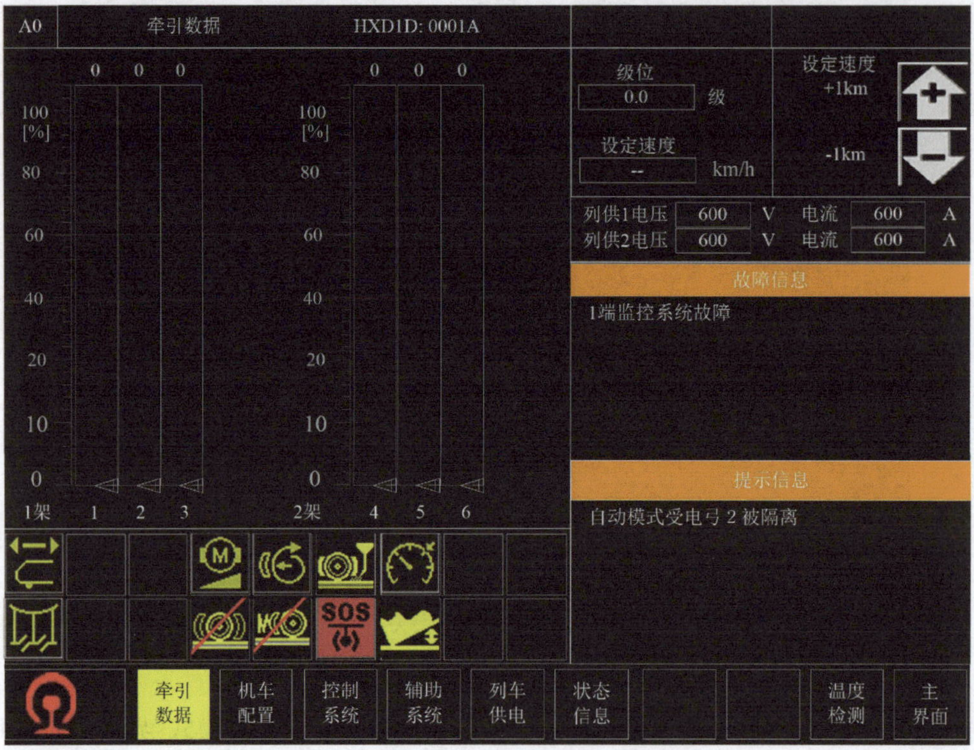

图 7-5　牵引数据界面

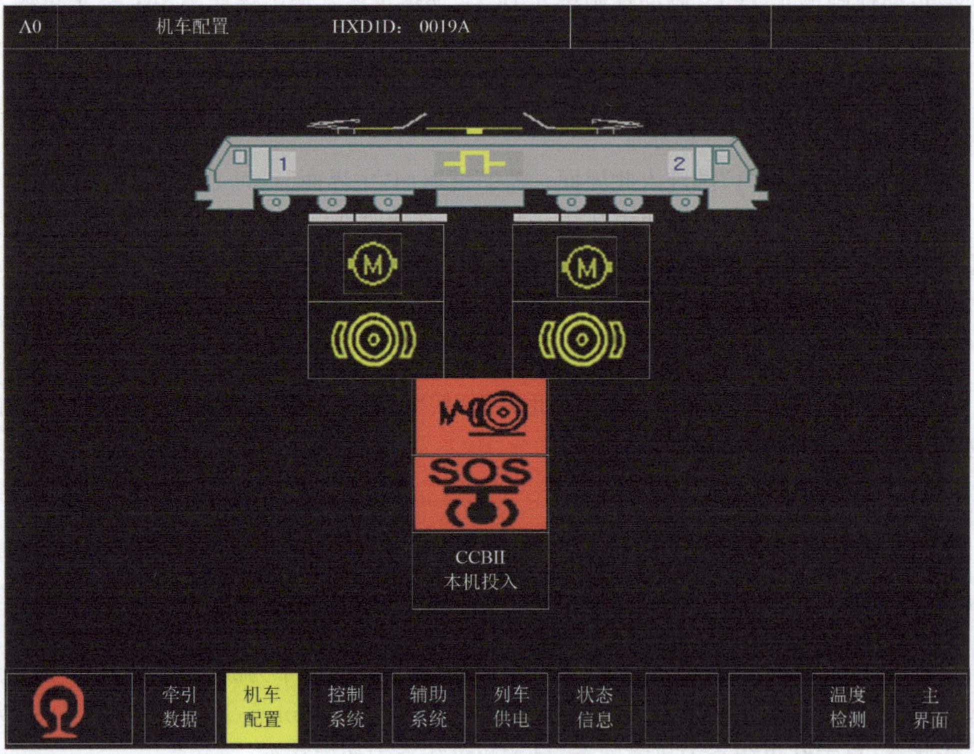

图 7-6　牵引数据界面

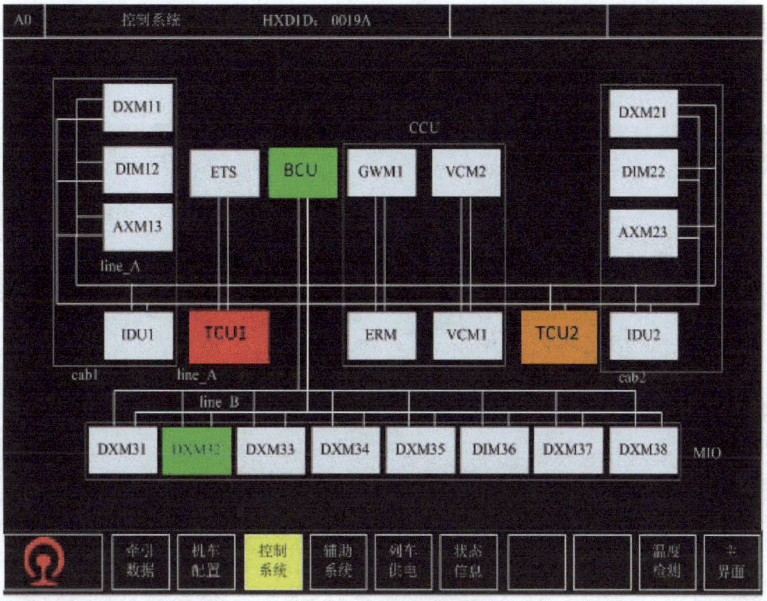

图 7-7　控制系统界面

（七）显示辅助系统界面

辅助系统界面如图 7-8 所示。

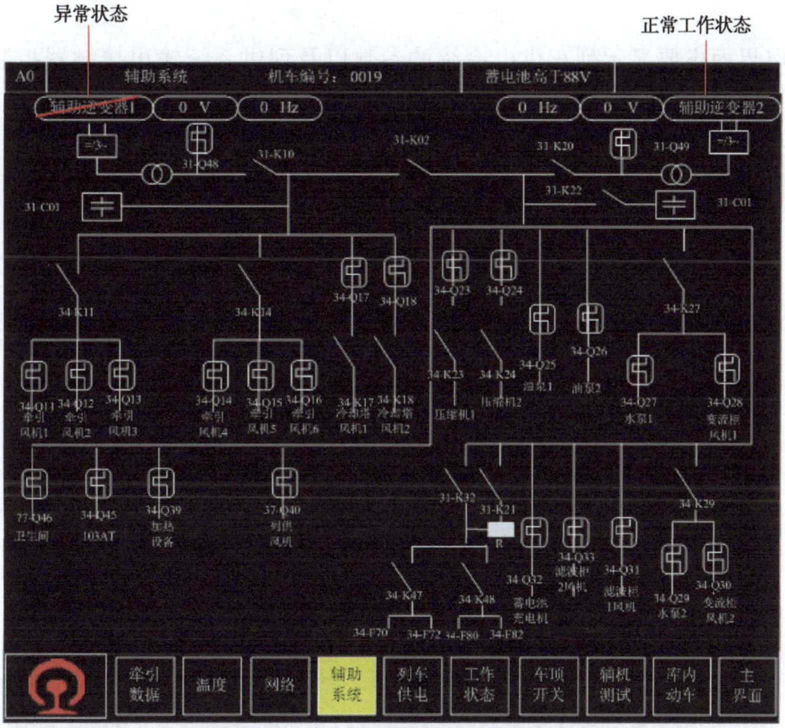

图 7-8　辅助系统界面

在“主要数据界面”下，按“4”键进入此界面，按“0”键返回“主界面”。

通过此界面能观察到辅助系统中各设备及接触器、自动开关等工作状态。

(八)显示列车供电界面

列车供电界面如图 7-9 所示。

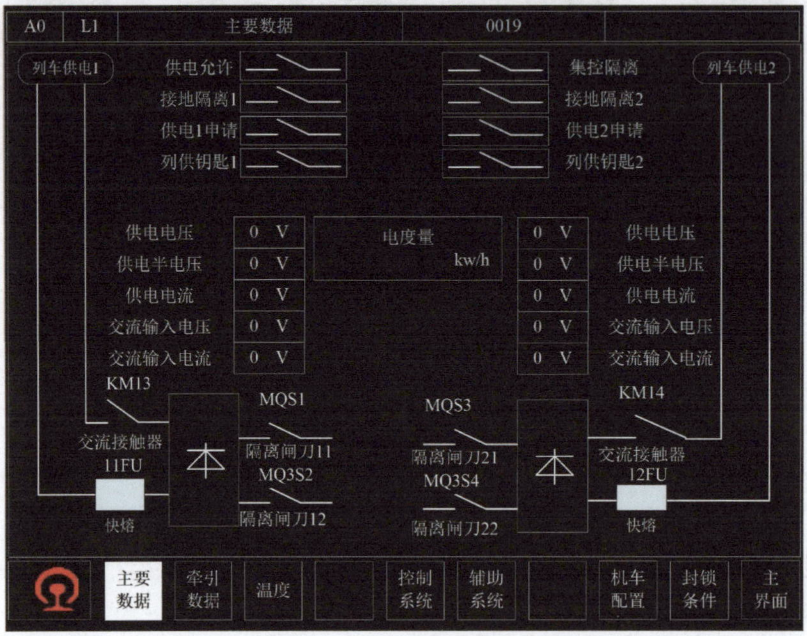

图 7-9 列车供电界面

列车供电界面主要显示列车供电系统的参数以及列供系统输出接触器控制条件，隔离开关状态等。

(九)显示状态信息界面

状态信息界面如图 7-10 所示。

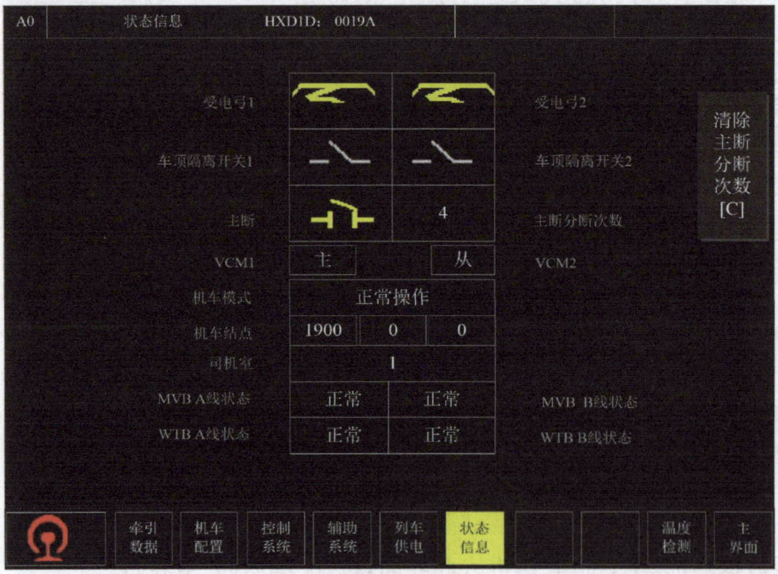

图 7-10 状态信息界面

在“主要数据界面”下，按“6”键进入此界面，按“0”键返回“主界面”。

通过此界面能观察到受电弓与主断路器的状态以及主断路器分断次数。

(十)显示冷却系统界面

冷却系统界面如图 7-11 所示。

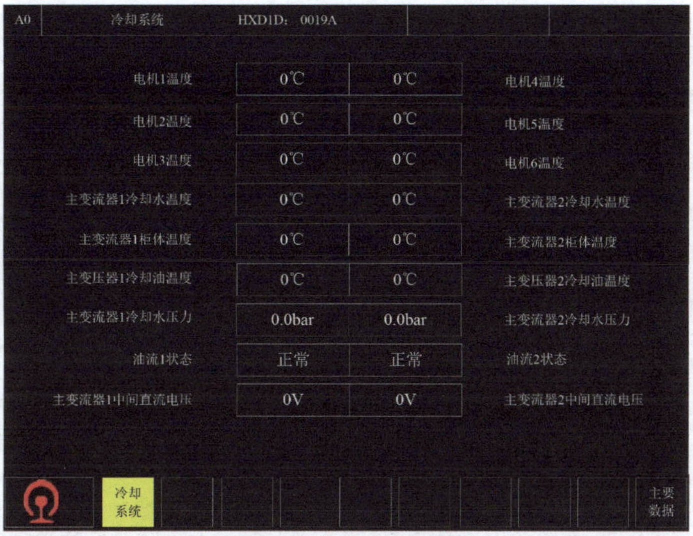

图 7-11 冷却系统界面

在“主要数据界面”下，按“9”键进入此界面，按“0”键返回“主要数据界面”。

通过此界面能观察到牵引电机的温度、主变压器和主变流器的油水温度，同时能观察到主变流器冷却水压力和主变压器的油流状态以及主变流器中间回路的直流电压。

(十一)显示载重设置界面

载重设置界面如图 7-12 所示。

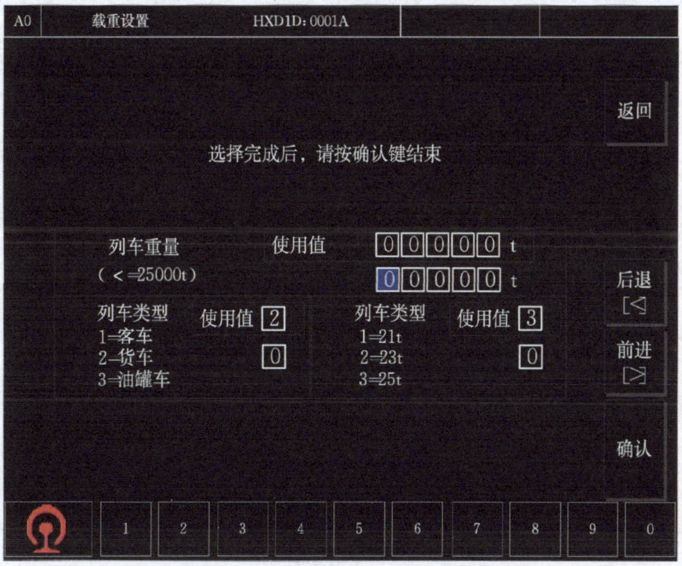

图 7-12 载重设置界面

在控制设置界面下,按“1”键进入此界面,按“返回”键,返回“控制设置界面”。进入此界面可以进行列车载重设置。

(十二)显示牵引状态界面

牵引状态界面如图 7-13 所示,分别显示第一页和第二页内容。

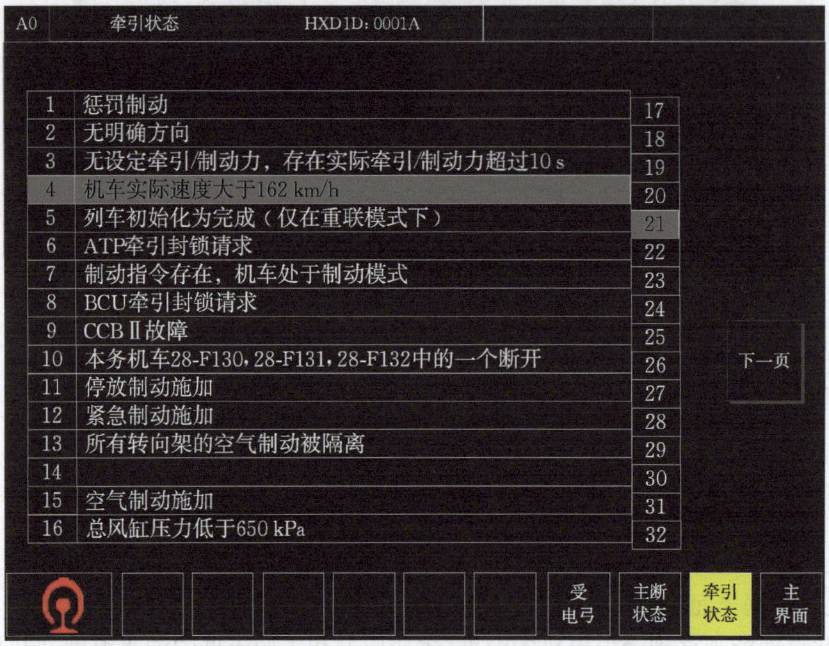

(a) 第一页

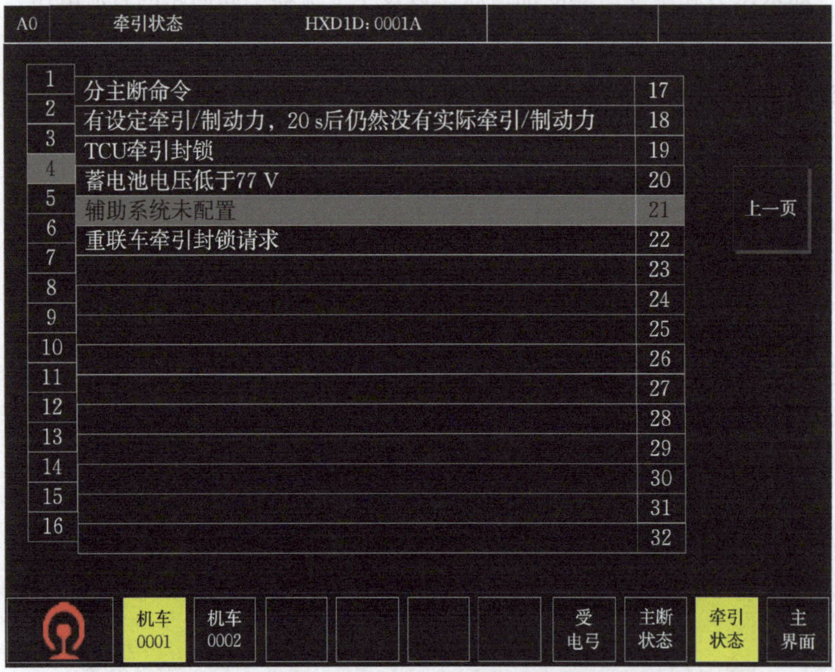

(b) 第二页

图 7-13 牵引状态界面

在“主要数据界面”下，按“4”键进入此界面，按“0”键返回“主界面”。

通过此界面能观察到影响牵引状态的相关信息。在状态信息栏中，如果信息是黑色底白字，则不影响机车牵引；如果是灰底黑字，则影响机车牵引运行，可根据具体情况加以处置。

（十三）显示主断状态界面

主断状态界面如图 7-14 所示。

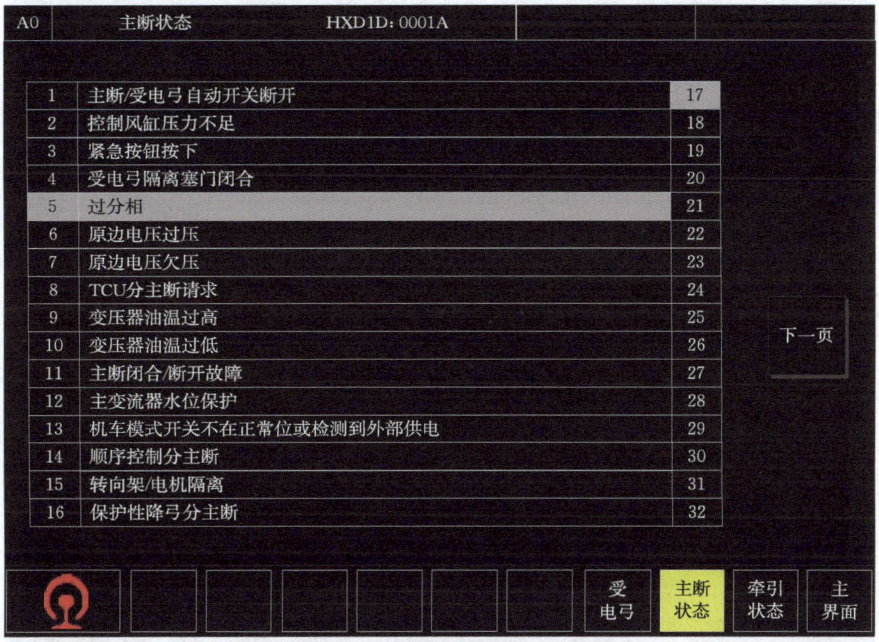

图 7-14　主断状态界面

在“运行条件界面”下，按“8”键进入此界面。

通过此界面能观察到影响主断闭合的相关信息。在状态信息栏中，如果信息是黑色底白字，则不影响机车主断闭合；如果是灰底黑字，则影响机车主断闭合，可根据具体情况加以处置。

（十四）显示受电弓状态界面

受电弓状态界面如图 7-15 所示。

在“运行条件界面”下，按“7”键进入此界面。

通过此界面能观察到影响受电弓升起的相关信息。在状态信息栏中，如果信息是黑色底白字，则不影响机车受电弓升起；如果是灰底黑字，则影响机车受电弓升起，可根据具体情况加以处置。

（十五）显示辅机测试界面

辅机测试界面如图 7-16 所示。

在“维护测试界面”下，按“1”键进入此界面。

通过此界面能观察到与辅机测试有关的信息。在状态信息栏中，如果信息是黑色底白字，则满足辅机测试条件；如果是灰底黑字，则不满足辅机测试的条件。

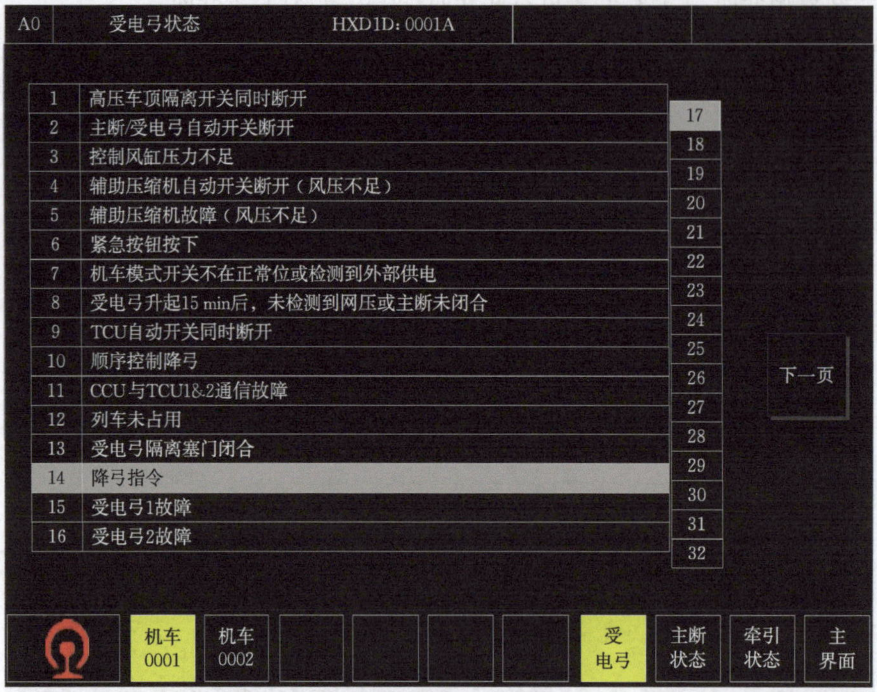

图 7-15　受电弓状态界面

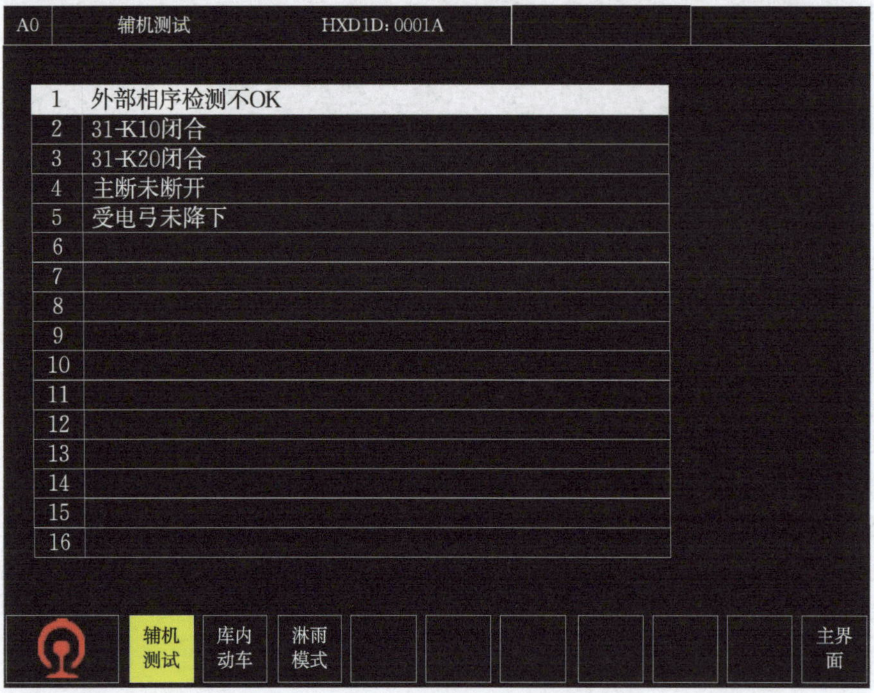

图 7-16　辅机测试界面

(十六)显示操作端设置界面

IDU 所处司机室端设置界面如图 7-17 所示。

图 7-17　IDU 所处司机室端设置界面

在“检修设置界面”下，按“2”键进入此界面。按“返回”键，返回“检修设置界面”。

进入此界面可以对司机操作端进行设置。此界面设置的操作端，要和机车的司机室端完全一致，即机车Ⅰ端对应 IDU 设置为Ⅰ端；机车Ⅱ端对应 IDU 设置为Ⅱ端。设置完成后，必须重新启动显示器。

(十七)显示修改密码界面

修改密码界面如图 7-18 所示。

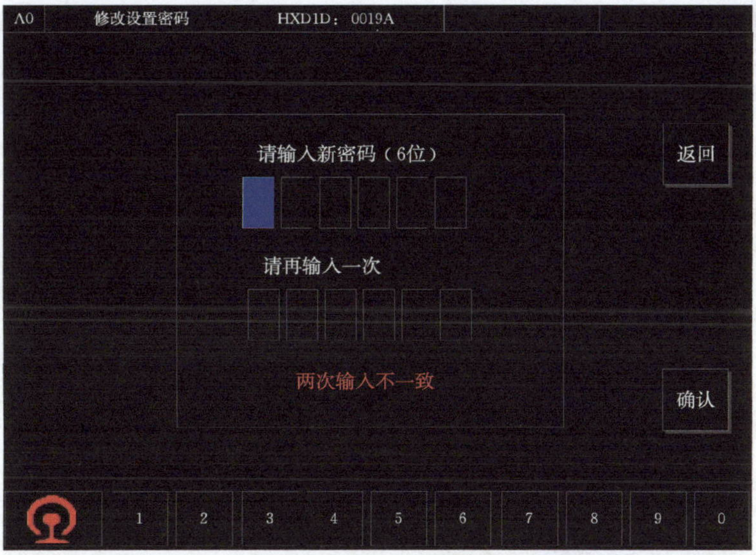

图 7-18　修改密码界面

在“检修设置界面”下，按“6”键进入此界面。按“返回”键，返回“检修设置界面”。

进入此界面可以设置或修改密码。两次输入密码一致时，按“确认”键，密码设置成功。

(十八)显示修改时间界面

修改时间界面如图 7-19 所示。

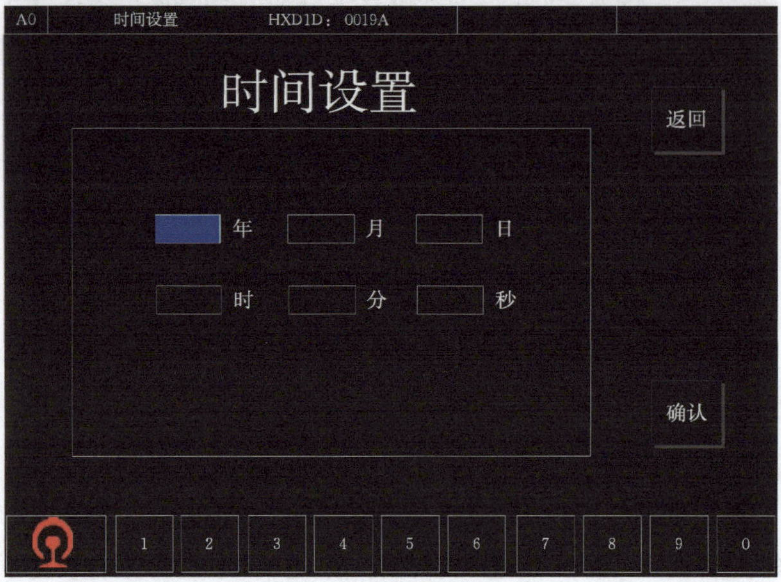

图 7-19 修改时间界面

在“检修设置界面”下，按“5”键进入此界面。按“返回”键，返回“检修设置界面”。进入此界面可对时间进行设置或修改。按“确认”键，确认设置有效。

(十九)显示故障信息界面

故障信息界面(当前故障)如图 7-20 所示。

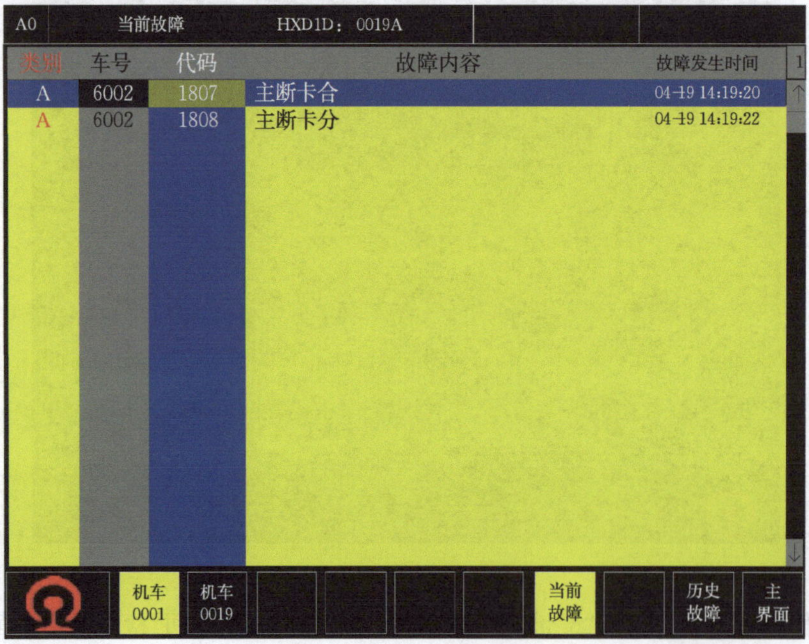

图 7-20 故障信息界面

按压显示器外部面板的故障键，进入此界面。按“7”键，进入“当前故障界面”，可以查看当前故障信息；按“9”键，进入“历史故障界面”，可以查看历史故障信息。按“0”键，返回“主界面”。

(二十)故障诊断界面

故障诊断界面如图 7-21 所示。

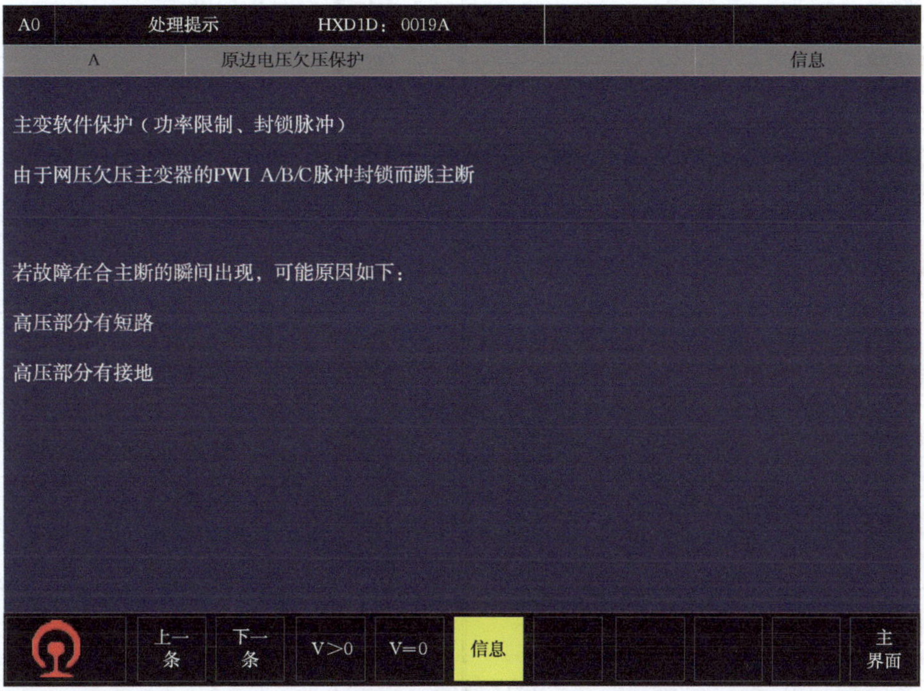

图 7-21　故障诊断界面

按压显示器外部面板的“i”键，进入此界面。按“1”键，进入“V=0”的诊断界面，按“2”键，进入“V>0”的诊断界面，按“3”键，进入“信息”诊断界面。通过此界面可以查看故障类别、故障内容、故障查询信息、故障处理措施等内容。

四、显示界面图标注释

显示界面图标注释见表 7-1。

表 7-1　显示界面图标注释

图标	释义	图标	释义
	机车方向向后		警惕装置正常
	机车方向向前		警惕装置切除
	机车方向不明确		分相区

续上表

图标	释义	图标	释义
	定速模式		机车制动投入
	紧急制动		机车制动死锁
	牵引运行		机车制动缓解
	主断断开且已经缓解		停放制动施加
	主断闭合		停放制动死锁
	主断死锁		惩罚制动施加
	主断断开但没有缓解		撒砂
	受电弓 1、2 升起		空转
	受电弓 1 升,受电弓 2 降		受电弓 2 升,受电弓 1 降
	受电弓 1 升,受电弓 2 隔离		受电弓 2 升,受电弓 1 隔离
	受电弓降		受电弓 1 降,受电弓 2 隔离
	受电弓 2 降,受电弓 1 隔离		受电弓全部隔离
	滑行		

第三节 中央控制单元

中央控制单元 CCU 是机车网络控制系统中不可或缺的一部分,它主要负责对整车子系统进行管理和控制。CCU 的功能包括监控关键信号和故障,并记录相关信息。为了确保列车网络系统的稳定和可靠性,CCU 采用了双冗余设计。

整个系统采用模块化结构,包括 WTB/MVB 网关模块 GWM、车辆控制模块 VCM、事件记录模块 ERM、数字量输入输出模块 DXM、数字量输入模块 DIM、模拟量输入输出模块

AXM、MOXA 以太网交换机等。

一、WTB/MVB 网关模块 GWM

每节机车装有 1 个 WTB/MVB 网关模块 GWM，位于机械间的低压柜内，网关模块 GWM 主要是提供列车总线 WTB 和车辆总线 MVB 的网关通道，与 DTECS 系统中的其他模块共同组成完整的机车网络控制系统。

网关模块 GWM 是实现机车重联运行的核心模块，具备如下功能：

1. 列车级过程控制，执行诸如牵引/制动控制等一系列与机车重联运行有关的控制功能。

2. 列车总线管理，具有绞线式列车总线 WTB 的管理能力。

3. 列车级数据通信，与 TCMS 系统的车辆控制模块 VCM 进行与机车重联运行有关的数据交换。

GWM 模块的面板接口如图 7-22 所示。

X1、X2、X3、X4—WTB 接口；X5、X6—MVB 接口；X7—PWR 接口；X8—USB 接口；X9—RS-232 接口；X10—Eth 接口。

图 7-22　GWM/VCM/ERM 模块面板接口

网关模块 GWM 提供 4 组 LED 指示灯，用于模块状态指示，指示灯含义见表 7-2。

表 7-2　GWM/VCM/ERM 模块的指示灯含义

指示灯	说　明
BA	当前总线主：常亮。 备用主：闪烁，周期 1 s。 从设备：闪烁，周期 100 ms

续上表

指示灯	说　明
BE	如果总线干扰,那么亮;否则灭。 目前总线干扰,我们定义为 A 线和 B 线同时干扰
ST	模块工作状态,正常时亮,故障时灭
SE	系统故障,故障时亮

网关模块 GWM 由 CPU 板和电源接口板两块电路板组成,分别固定在模块外壳的上下盖上。两块 PCB 通过 40 芯扁平电缆连接,尺寸完全相同。

二、车辆控制模块 VCM

每节机车装有两个车辆控制模块 VCM 实现冗余,位于机械间的微机柜内,车辆控制模块 VCM 主要是完成网络的逻辑控制和网络协议的转换功能,相当于机车网络系统的大脑,其与 DTECS 系统中的其他模块共同组成完整的机车网络控制系统,具备如下功能:

1. 过程控制,执行诸如牵引/制动控制、空电联合控制、超速保护等一系列控制功能。

2. 通信管理,具有多功能车辆总线 MVB 的管理能力,并且能够进行主权转移以实现热备冗余。

3. 故障对策,VCM 单路故障时,可自动切换,切换时机车将保护性分主断,但自动切换过程时间不能超过约 20 s,切换完成后不能损失功能和动力。

4. 显示控制,与 IDU 显示有关的数据传输。

车辆控制模块 VCM 的结构、内部电源接口板、CPU 板参数、指示灯含义及主要参数等与 GWM 模块相同。

三、事件记录模块 ERM

每节机车装有一个事件记录模块 ERM,位于机械间的微机柜内,事件记录模块 ERM 是完成故障诊断、数据记录与转储的核心模块,与 DTECS 系统中的其他模块共同组成完整的机车网络控制系统,具备如下功能:

1. 数据记录,司机操作数据、故障数据、事件数据的记录,将车辆控制模块 VCM 的故障数据具体化。

2. 数据转储,通过车载信息网将记录的数据下载,供便携式维护工具分析。

事件记录模块 ERM 的结构、内部电源接口板、CPU 板参数、指示灯含义及主要参数等与 GWM 模块相同。

四、数字量输入输出模块 DXM

每节机车装有八个数字量输入输出模块 DXM,分别安装于司机室和机械间的微机柜中,数字量输入输出模块 DXM 通过多功能车辆总线 MVB 与车辆控制模块 VCM 交换数据。

模块可以实现开关数字量状态信号的采集处理和网络控制指令的输出,并通过车辆总线与 MVB 中的设备互连,具备如下功能:

1. 输入信号采集,将车辆间电气信号转换成控制信号,经由列车控制网络传送给车辆控制模块 VCM,完成各种控制功能。

2. 控制信号输出,将网络控制信号转换成电气信号,控制诸如指示灯、继电器等设备。

3. 设备地址输入,通过外部跳线配置设备地址,维护过程异常容易。

DXM 模块的面板接口如图 7-23 所示。

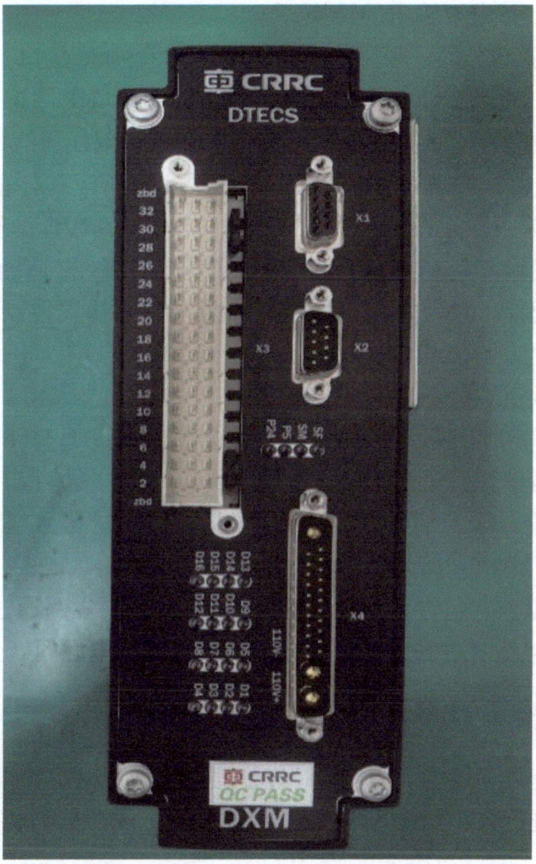

X1—MVB1 接口;X2—MVB2 接口;X3—数字量输入输出接口;X4—110 V 电源接口。

图 7-23　DXM 模块的面板接口

数字量输入输出模块 DXM 提供 20 组 LED 指示灯,用于模块状态指示,指示灯含义见表 7-3。

表 7-3　DXM 模块的指示灯含义

标号	名称	指示灯颜色	描述
SF	FPGA 运行	黄色	闪烁:运行成功 常灭:运行失败
SM	MVB 通信	黄色	闪烁:MVB 通信正常 常灭:MVB 无通信
P5	5 V 电源	绿色	常亮:DC +5 V 正常 常灭:DC +5 V 故障
P24	24 V 电源	绿色	常亮:DC +24 V 正常 常灭:DC +24 V 故障

数字量输入输出模块 DXM 由 MVB 板和 I/O 板两块单板组成,分别固定在模块外壳的上下盖上。两块 PCB 通过两组 40 芯扁平电缆连接,尺寸完全相同。

MVB 板包括以下三个部分:

1. 分布式 DC/DC 电源。完成车载 DC 110 V 电源输入,到一路隔离的 DC 5 V 电源输出和一路隔离的 DC 24 V 电源输出的转换。

2. MVB 物理介质接口电路。采用基本的光电隔离 RS-485 接口。MVB 接口连接器包括隔离的正 5 V 电源引脚,可配套使用外部终端器。该物理接口支持 MVB 通信线 A/B 双线冗余,MVB 协议控制器能根据 A/B 线信号输入 ICA/ICB,实现双线通信状态判断与处理。

3. MVB 协议控制器。实现 MVB 的通信链路层控制、MVB 与输入/输出通道间信息交换、通道自检处理与结果反馈以及网络故障安全导向处理。MVB 设备地址的定义通过外部连接器插头的引脚配置输入到 MVB 协议控制器实现。MVB 的 1 类设备地址低 4 位固定为 0,高 8 位由外部输入配置。输入/输出通道的自检由 MVB 协议控制器周期性地控制执行,并将反馈状态引回处理。

I/O 板包括三个部分:

1. 通道自检电路。MVB 协议控制器能对每个输入通道通过硬件实现自检,自检模式时外部输入信号不能测量。

2. 数字量输入通道。输入信号电压达到限制值时,测量信号变为高电平;输入信号电压低于限制值时,测量信号变为低电平。

3. 数字量输出通道。它包含 8 路独立的开关电路,其中 6 路通过隔离变压器与外电路隔离,2 路通过继电器与外电路隔离。实现外部负载与工作电源间开关控制。

五、数字量输入模块 DIM

每节机车装有 3 个数字量输入模块 DIM,分别安装于司机室和机械间的微机柜中。

模块对外部设备进行数字量输入的接口模块,通过 MVB 与车辆控制模块 VCM 连接使用。具备如下功能:

1. 控制信号输出。将网络控制信号转换成电气信号,控制指示灯、继电器等设备。

2. 设备地址输入。通过外部跳线配置设备地址,维护过程异常容易。

DIM 模块面板接口如图 7-24 所示。

数字量输入模块 DIM 提供 4 组 LED 指示灯,用于模块状态指示,指示灯含义见表 7-4。

表 7-4 DIM 模块的指示灯含义

标号	名称	颜色	描述
SF	FPGA 运行	黄色	闪烁:运行成功 常灭:运行失败
SM	MVB 通信	黄色	闪烁:MVB 通信正常 常灭:MVB 无通信
P5	5 V 电源	绿色	常亮:DC +5 V 正常 常灭:DC +5 V 故障
P24	24 V 电源	绿色	常亮:DC +24 V 正常 常灭:DC +24 V 故障

数字量输入输出模块 DXM 与数字量输入模块 DIM 的结构、内部电源接口板、MVB 接口、指示灯含义等相同。

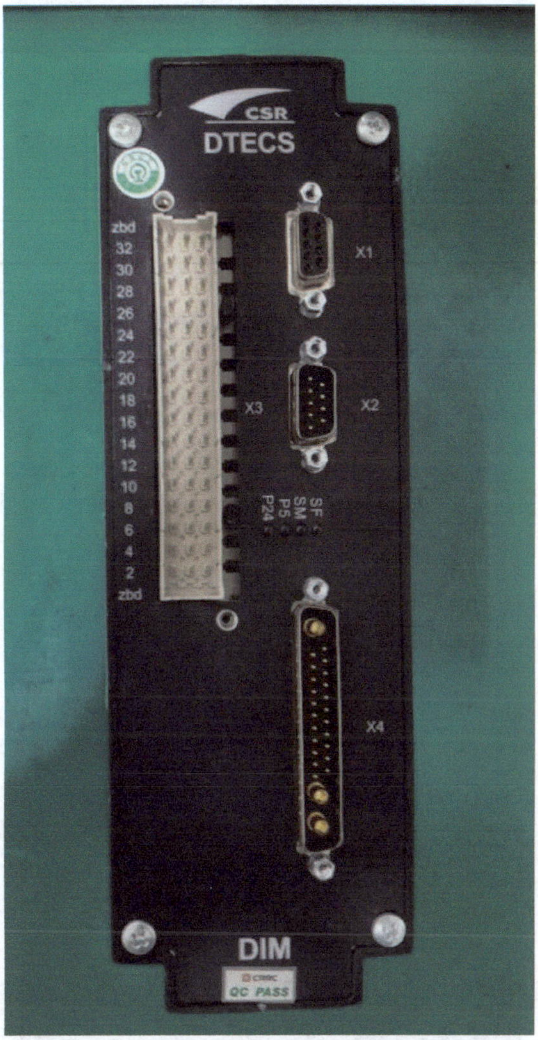

X1—MVB1 接口;X2—MVB2 接口;X3—数字量输入输出接口;X4—110 V 电源接口。

图 7-24 DIM 模块面板接口

六、模拟量输入输出模块 AXM

每节机车装有两个模拟量输入输出模块 AXM,分别安装于司机室和机械间的微机柜中。

AXM 实现模拟量信号的采集输入和控制输出,通过 MVB 与 VCM 通信。具备如下功能:

1. 输入信号采集。将车辆间电气信号转换成控制信号,经由列车控制网络传送给车辆控制模块 VCM,完成各种控制功能。

2. 控制信号输出。将网络控制信号转换成电气信号,控制诸如仪表等设备。AXM 模块面板接口如图 7-25 所示。

模拟量输入输出模块 AXM 提供四组 LED 指示灯,用于模块状态指示,指示灯含义见表 7-5。

表 7-5　AXM 模块的指示灯含义

代号	状态	说明
L1	闪烁	CPU 运行指示灯
L2	亮	自检错误指示(备用)
L3	亮	电源指示
L4	闪烁	MVB 数据进行通信

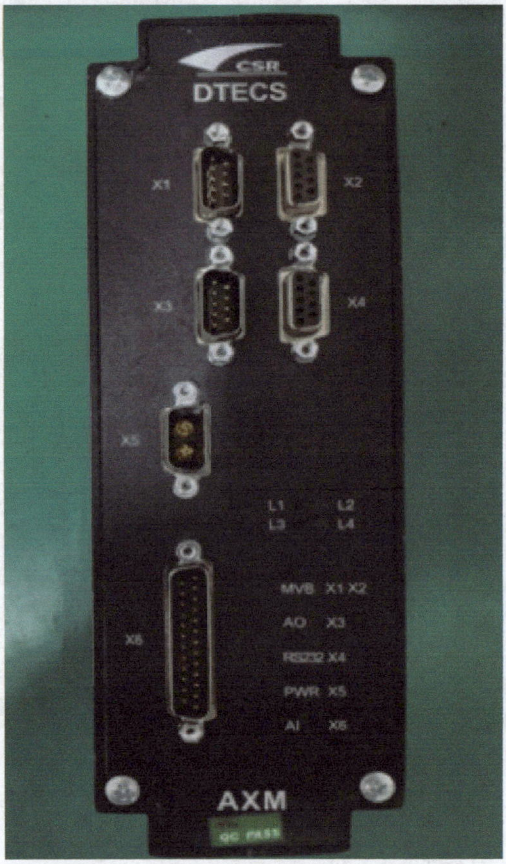

X1—MVB1 接口;X2—MVB2 接口;X3—模拟量输出输出接口;X4—RS-232 接口;X5—110 V 电源接口;X6—模拟量输入输出接口。

图 7-25　AXM 模块面板接口

模拟量输入输出模块 AXM 由 CPU 板和接口板两块单板组成,分别固定在模块外壳的上下盖上。两块 PCB 通过两组 40 芯扁平电缆连接,尺寸完全相同。

CPU 板包括以下四个部分:

1. CPU 系统。主要是控制数据的采集和数据的输出,以及完成与 MVB 协议控制器之间的数据交换。

2. MVB 物理接口电路。采用基本的光电隔离 RS-485 接口。MVB 接口连接器包括隔离的正 5 V 电源引脚,可配套使用外部终端器。该物理接口支持 MVB 通信线 A/B 双线冗余,MVB 协议控制器能根据 A/B 线信号输入 ICA/ICB,实现双线通信状态判断与处理。

3. MVB 协议控制器。实现 MVB 的通信链路层控制、MVB 与输入/输出通道间信息交换以及网络故障安全导向处理。MVB 设备地址的定义通过 RS-232 接口配置输入到 MVB 协议控制器实现。MVB 的 1 类设备地址低 4 位固定为 0,高 8 位由外部输入配置。输入/输出通道的自检由 MVB 协议控制器周期性的控制执行,并将反馈状态引回处理。

4. 模拟量输出电路。可以根据 MVB 主设备发送过来的数据经过 MVB 协议控制器和 CPU 系统之后进行数据输出,可以输出电压型和电流型信号。

接口板主要包括信号调理电路以及 DC/DC 电源,主要功能如下:

1. 信号调理电路。主要是将信号进行增益和滤波的调整,使调整之后满足对输入信号的要求。

2. DC/DC 电源。完成车载 DC 110 V 电源输入到一路 DC 5 V 的电源输出和 DC 15 V、DC −15 V、DC 24 V 电源输出的转换。

七、故障处理

本系统自身具备完善的故障诊断功能,当故障发生时,可以通过显示器或者模块面板指示灯对故障做出相应指示,为车辆的安全和可靠运行提供有力的保证。

在正常情况下,可以在显示器网络拓扑界面查看到系统模块的运行/故障状态。更详细的状态信号则需从模块面板的指示灯观察到。网络控制系统模块常见故障分析与对策见表 7-6。

表 7-6 网络控制系统模块常见故障分析与对策

序号	故障名称	故障现象	处理方案
1	VCM 故障	显示器报“显示屏网络通信中断”,网络拓扑图上所有节点图标呈灰色;VCM1/2 的 BE 黄灯常亮	确认所有 MVB 连接器锁紧
			断 VCM 电源开关
			用终端电阻分段排除法查找故障线路
		软件配置错误,SE 红灯常亮	重新下载 VCM 模块软件
		某 VCM 所有指示灯均不亮	确认 VCM 模块 X7 插头的 1、2 脚之间接收到 110 V 电源
			更换 VCM 模块
2	ERM 通信故障	显示屏网络拓扑图上 ERM 呈红色,ERM 的 SE 灯亮红灯	重合低压柜上的 ERM 控制电源开关
			确认 ERM 模块配置程序正确
			更换 ERM 模块
		ERM 模块 BE 黄灯常亮,网络拓扑图上 VCM1/2 呈灰色	确认 ERM 模块配置程序正确
			重合低压柜上的 ERM 控制电源开关
			重刷程序
			更换 ERM 模块
		ERM 电源故障,所有指示灯不亮	确认 ERM 模块 X7 插头的 1、2 脚之间接收到 110 V 电源
			更换 ERM 模块

续上表

序号	故障名称	故障现象	处理方案
3	DXM31通信故障(其他DXM、DIM模块故障是参照此方法查找)	显示器报"DXM通信故障"，DXM指示灯显异常	若SF、P5、P24之一异常，则故障原因为DXM31模块本身故障
			若SM指示灯异常，则首先确认X4插头地址跳线正常
			更换DXM31模块
		DXM所有指示灯不亮	检查其插头X4的A2、A3之间是否有110 V电源输入(同时请检查其他插针是否正常)
			更换DXM31模块
4	AXM通信故障	显示器报"AXM通信故障"	检查AXM地址设置正确
			若AXM模块灯显异常，更换AXM模块
		AXM所有指示灯不亮	确认其插头X4的A2、A3之间是否有110 V电源输入
			更换AXM模块
5	IDU1通信故障(IDU2通信故障时处理方法相同)	IDU2网络拓扑图上IDU1图标呈红色，机车仍有动力	IDU1显示屏黑屏，确认IDU1的110 V输入电源插头X1的1、2点之间110 V工作电压正常
			复位显示屏控制电源开关＝42－F106，确认故障是否消除
			如果显示屏能正常显示，则更新显示屏程序，确认故障是否消除
			更换显示屏
		IDU2报显示屏通信中断，机车无动力	分别进入IDU1、IDU2的维护界面，确认其操作端设置正确
6	TCU1通信故障(TCU2通信故障处理方法相同)	显示屏网络拓扑图上TCU1图标呈红色	确认低压柜上的TCU1控制电源开关正常
			开关电源故障
			开关电源负载短路，可采取逐一甩开其负载的方法来排除
			通信接口插件故障
		显示屏网络拓扑图上TCU1图标为咖啡色	TCU1控制箱内部通信故障
			通信接口插件故障
7	BCU通信故障	显示屏网络拓扑图上BCU图标呈红色	IPM模块本身故障
			总线故障

复习思考题

1. 什么是机车网络控制系统？
2. 网络控制系统由哪些部分组成？
3. 智能显示单元(IDU)有哪些功能？
4. 网关模块GWM有哪些功能？
5. 中央控制单元系统有哪些模块？

第八章　电力机车高、低压试验

电力机车高、低压试验的目的是对机车各电气设备的执行机构、动作程序及逻辑关系正确与否做全面的检查，试验前应对机车上各种电气部件以及电气线路做一次一般性整备检查，并对某些电气和机械设备做必要的操作。

本章以 HXD3C 型电力机车高、低压试验为例进行介绍，并对常见故障处理方式进行讲解。

第一节　低压试验

一、试验前的准备

1. 检查车顶无人，通过观察电能表(图 8-1)电压检查车顶绝缘情况良好(有电压显示则表示正常)，然后锁闭车顶天窗。

2. 将机车总风缸接上风源，打开截断塞门，对机车总风缸供风，确保总风缸压力不小于 600 kPa，检查各管路塞门位置正确。风表如图 8-2 所示。

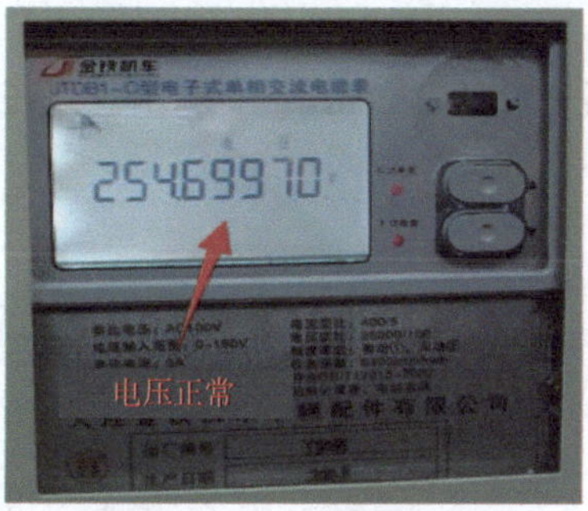

图 8-1　电能表

图 8-2　风表

3. 检查各电器转换开关位置正确，打开总风缸塞门，并且升弓气路阀上的蓝色 U99 钥匙处于垂直位置，升弓气路(图 8-3)开启。

4. 检查控制电器柜上的各空气断路器处于断开位(全部扳下断开)，如图 8-4 所示。

5. 闭合蓄电池自动开关 QA61，如图 8-5 所示。确认蓄电池电压表 PV71 显示电压应不低于 96 V，如图 8-6 所示。Ⅰ、Ⅱ端操纵台上的控制电压表 PV41、PV42 电压应与 PV71 显示一致，如图 8-7 所示。

6. 闭合接地控制自动开关 QA59，如图 8-8 所示。确认蓄电池回路及 110 V 控制电路无短路、接地现象。

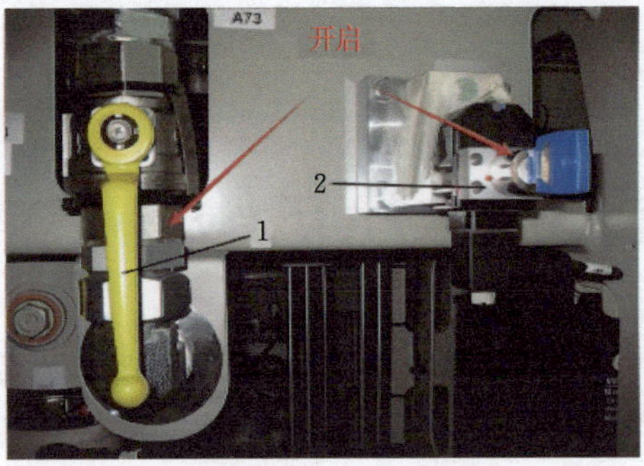

1—总风缸塞门;2—蓝色钥匙。

图 8-3 升弓气路

图 8-4 空气断路器

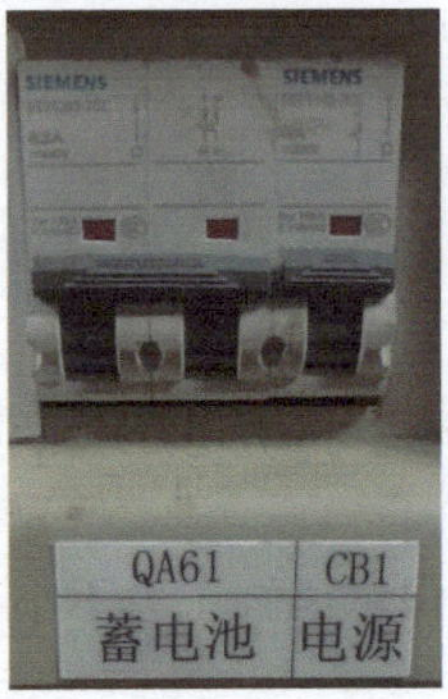

图 8-5 蓄电池自动开关

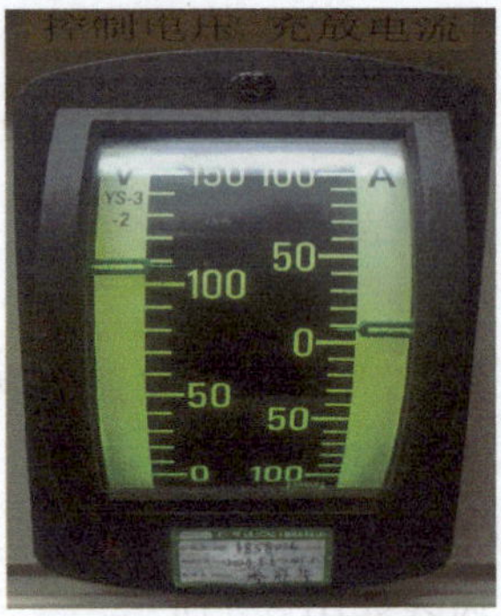

图 8-6 PV71

图 8-7 PV41(PV42)

7. 依次闭合控制电器柜上的自动开关,确认各回路正常,如图 8-9 所示。将主变流器试验开关 SA75 打至试验位,如图 8-10 所示。

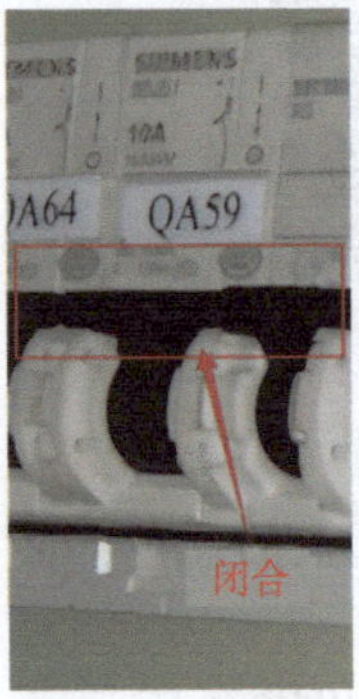

图 8-8 接地控制自动开关

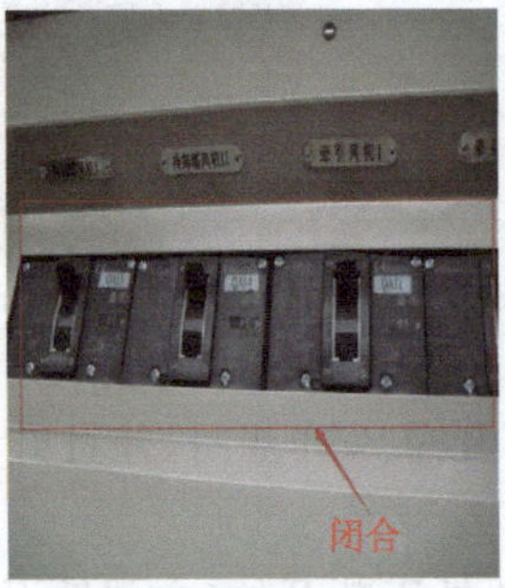

图 8-9 控制电器柜自动开关

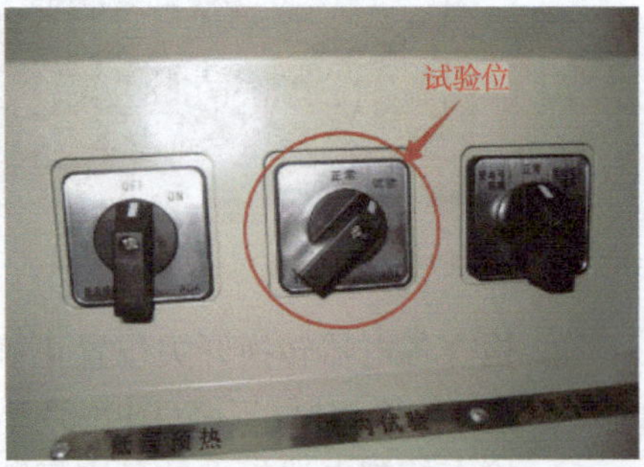

图 8-10 试验开关

8. 合上电钥匙 SA49,如图 8-11 所示。检查 TCMS 微机屏、LCDM 制动屏启动正常(TCMS 微机屏显示控制电压 96 V 以上),如图 8-12、图 8-13 所示。

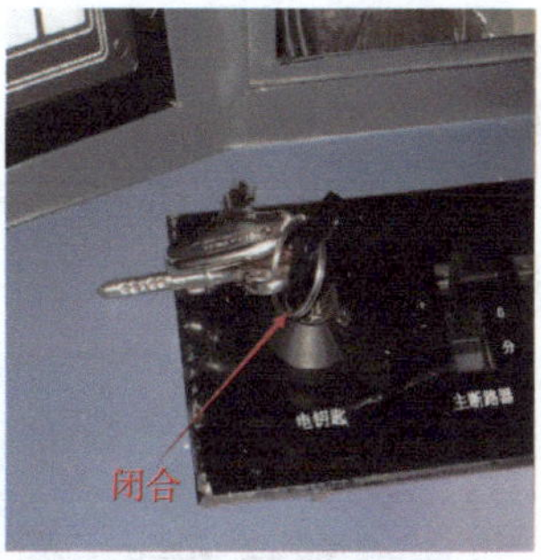

图 8-11　电钥匙

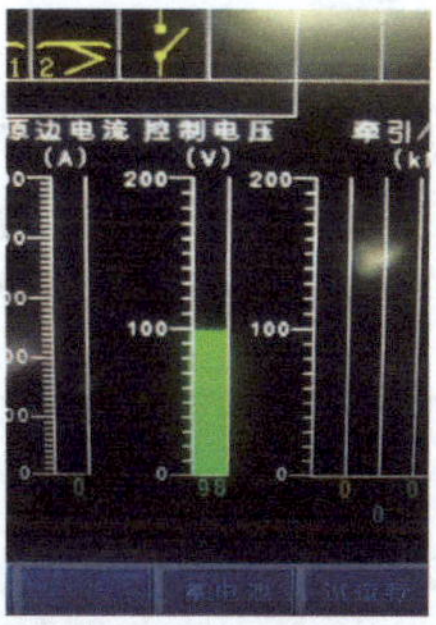

图 8-12　TCMS 微机屏

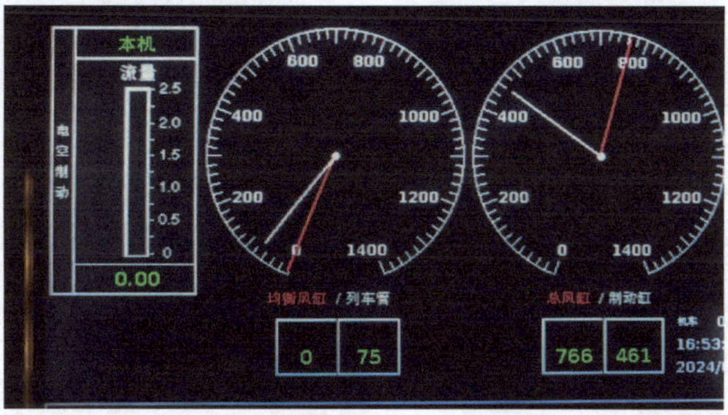

图 8-13　LCDM 制动屏

二、辅助压缩机动作试验

1. 检查空气管路柜升弓模块上的辅助风缸压力表，如图 8-14 所示。风压低于 480 kPa 以下，辅助空压机自动打风，当风压达到(735±20)kPa 时，辅助压缩机自动停止工作。(此项试验在合升弓开关后)

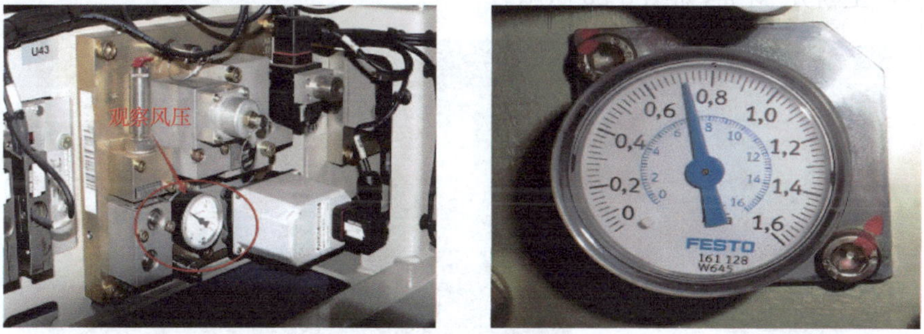

图 8-14　辅助风缸压力表

2. 按下辅压机按钮 SB95(自复式)，如图 8-15 所示。控制柜内的 KMC1 接触器吸合，辅压机开始打风。观察空气管路柜上的压力表风压上升，松开 SB95，辅助压缩机停止工作。

三、主断路器试验

将试验开关(SA75)置试验位,进行以下试验:

1. 将主断路器开关置“主断合”,如图 8-16 所示。听见主断闭合声,微机屏显示主断合,如图 8-17 所示。状态显示屏“主断分”灯灭,如图 8-18 所示。

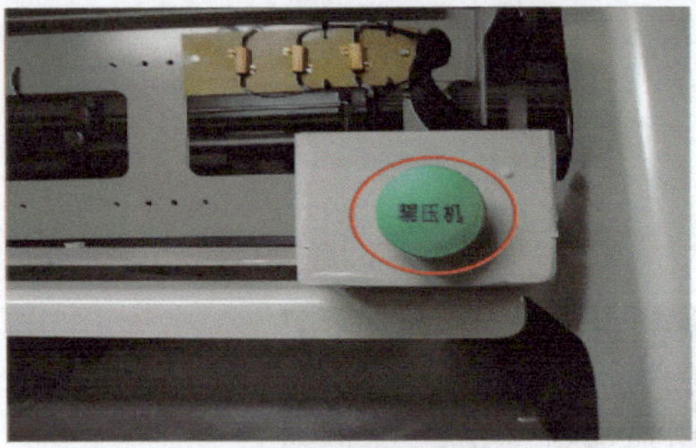

图 8-15　辅压机按钮

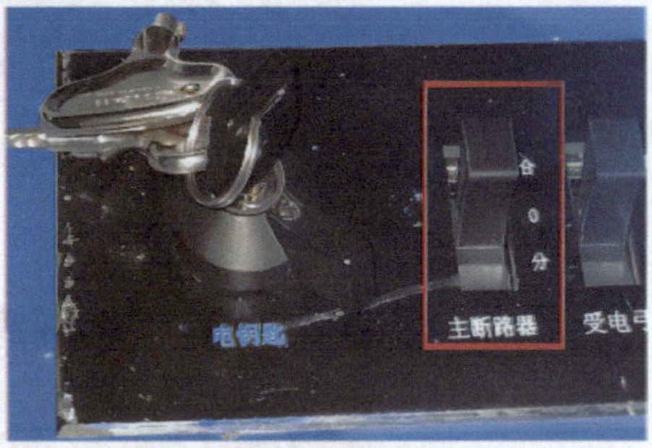

图 8-16　主断路器扳键开关

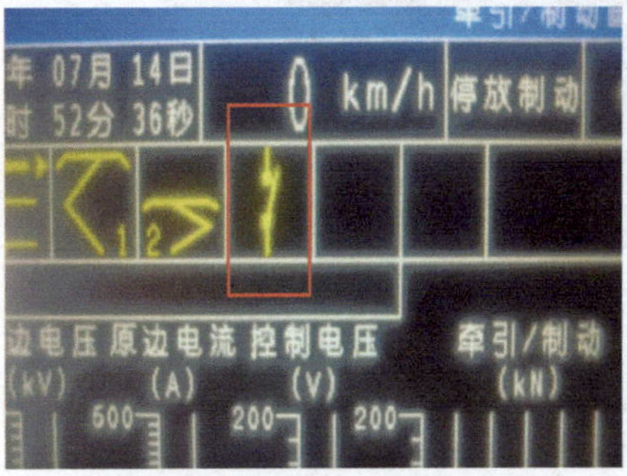

图 8-17　微机屏主断图标

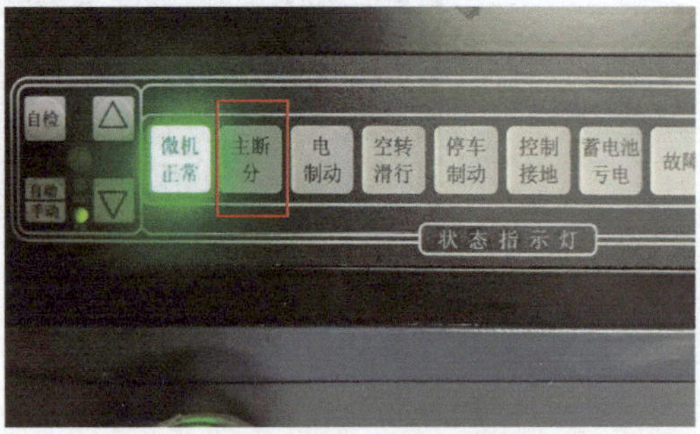

图 8-18　状态显示屏主断分灯灭

2. 将主断路器开关置“主断分”,听见主断断开声,微机屏显示主断分,如图 8-19 所示。状态显示屏“主断分”灯亮,如图 8-20 所示。

图 8-19　微机屏主断图标

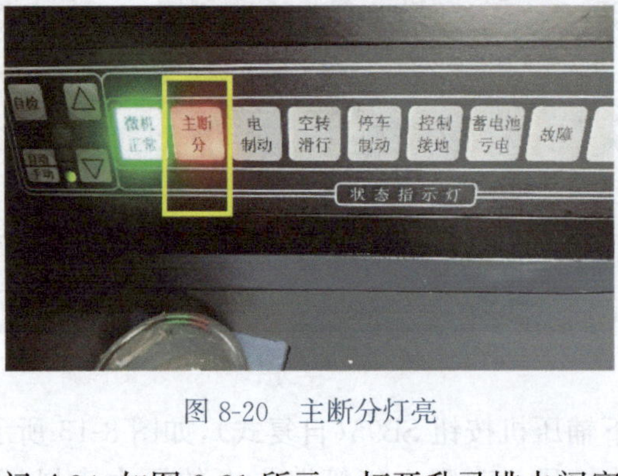

图 8-20　主断分灯亮

3. 闭合主断,关闭制动柜总风塞门 A24,如图 8-21 所示。打开升弓排水阀塞门,风压下降到 480 kPa 以下时,主断自动断开,如图 8-22 所示。

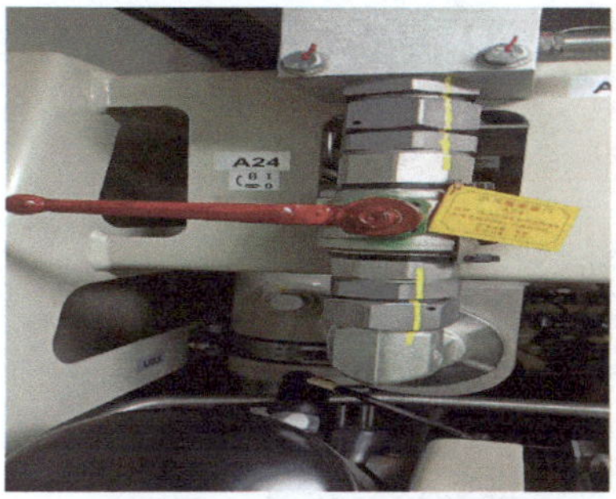

图 8-21　制动柜总风塞门

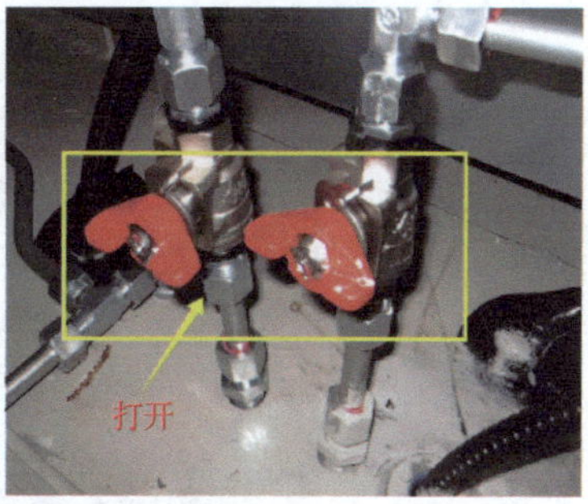

图 8-22　升弓排水阀塞门

四、主变流器试验

将主变流器试验开关(SA75)置试验位，进行以下试验：

1. 将司机控制器换向手柄移至前进或后退位。确认 TCMS 微机屏上显示机车方向正确，图 8-23 显示的是向前和向后运行时两个状态。

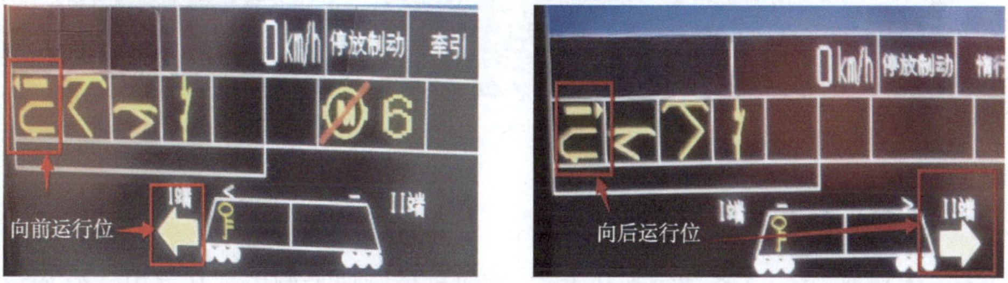

图 8-23　微机屏机车方向图标

2. TCMS 微机屏机器状态栏下变流器 CI1-6 充电接触器 AK、工作接触器 K 得电转换。听 AK、K 吸合声；观察 TCMS 微机屏机器状态栏，K 吸合后，AK 应释放，如图 8-24 所示。

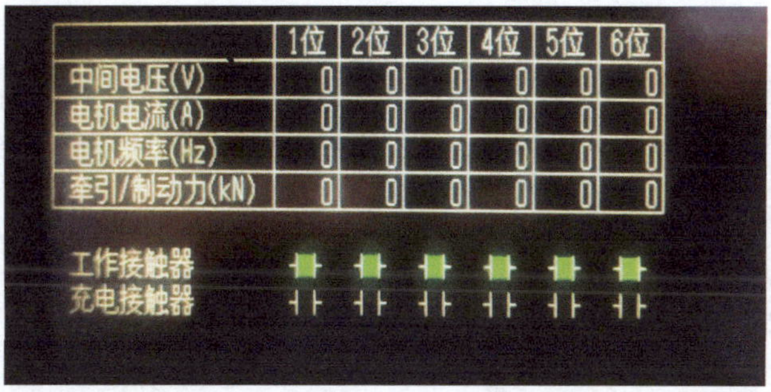

图 8-24　TCMS 微机屏机器状态栏

3. 将司机控制器控制手柄、换向手柄回 0 位，进入 TCMS 微机屏主变流器开放状态栏，将主变流器 CI1～6 全部开放，如图 8-25 所示。将换向手柄移至前进或后退位，K、AK 均不得电，转换被隔离，如图 8-26 所示。主手柄置牵引位，无牵引力矩输出，如图 8-27 所示。

4. 后牵引位试验同前牵引位试验。

5. 试验完毕后，将主变流器试验开关(SA75)置 0 位。

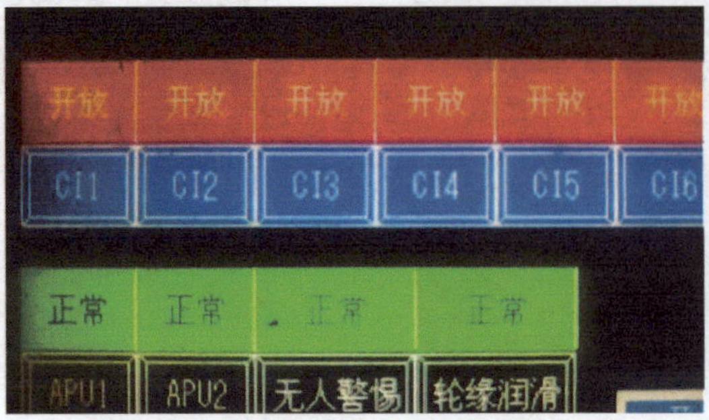

图 8-25　主变流器开放状态

图 8-26　TCMS 微机屏机器状态栏

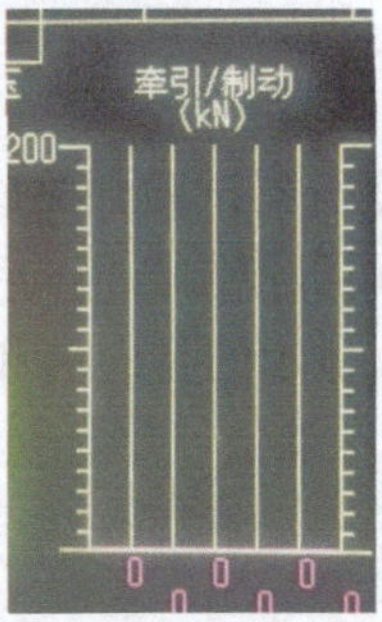

图 8-27　无牵引力矩输出

五、手柄级位试验

1. 在主变流器 CI1～6 全部正常状态下，将司机控制器控制手柄从牵引 * 级位移至 13 级位。TCMS 微机屏显示牵引，牵引力矩从 13 kN 上升至最大牵引力矩 87 kN，如图 8-28 所示。

2. 司机控制器控制手柄从制动 * 级位移至 1 级位(制动区)，TCMS 微机屏显示制动，如图 8-29 所示。

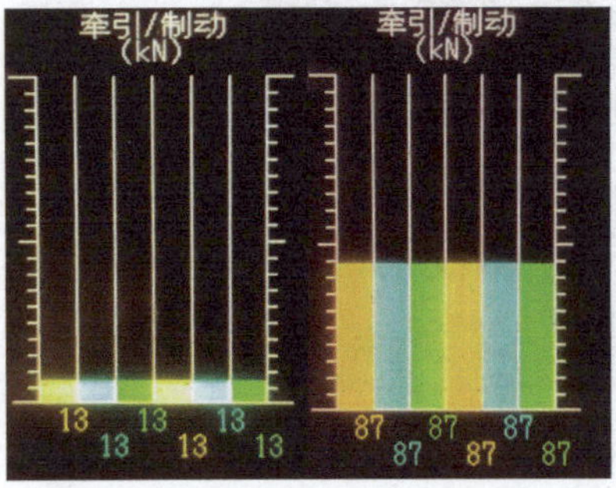

图 8-28　手柄级位与牵引力矩

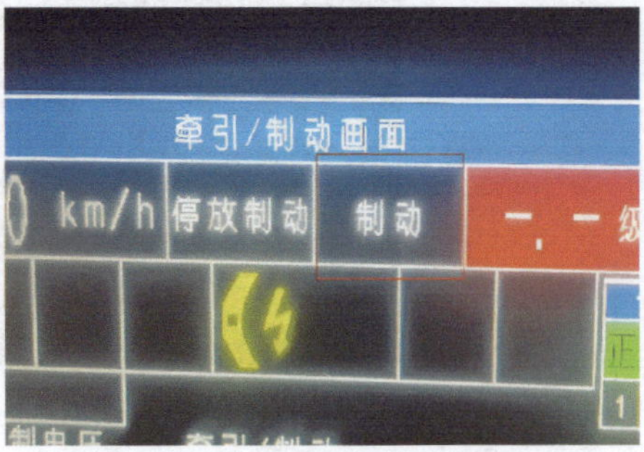

图 8-29　微机屏显示制动

六、辅助变流器试验

从 TCMS 微机屏上将辅助变流器 APU1 或 APU2 开放。确认 TCMS 微机屏辅助电源画面显示相应的 APU 开放，如图 8-30 所示。

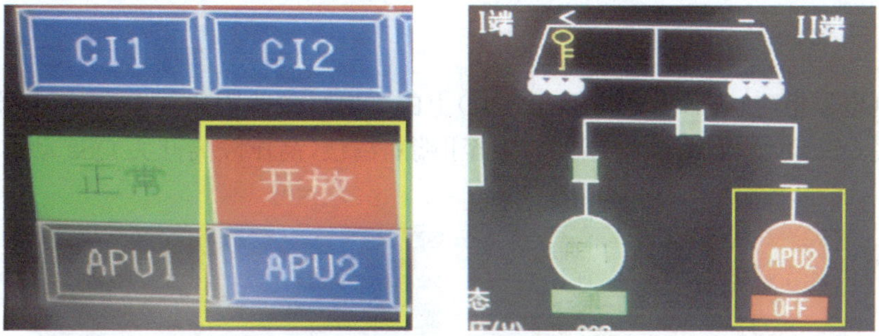

图 8-30　辅助变流器开放

七、辅助机组试验

依次断开电器控制柜上的 QA11-24 自动开关，如图 8-31 所示。TCMS 微机屏显示相应的故障信息，如图 8-32 所示。

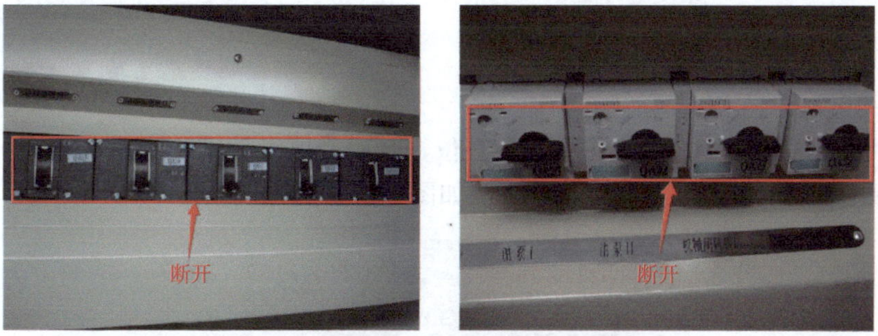

图 8-31　自动开关

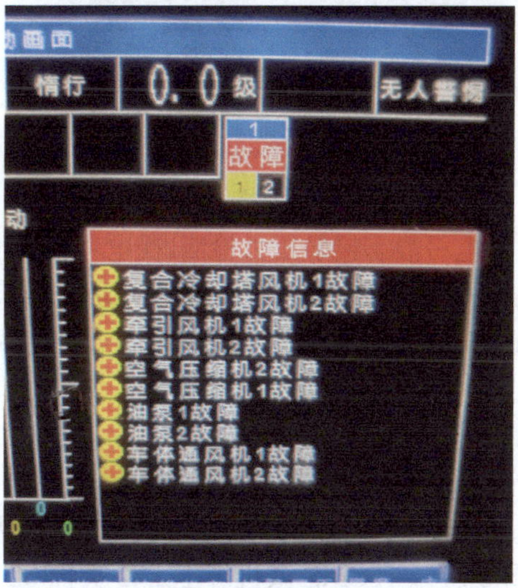

图 8-32　故障信息

八、高压隔离开关试验

将控制电器柜(技改后机车在系统柜上)上的受电弓故障隔离开关,扳至Ⅰ端隔离位,高压隔离开关 QS1 动作,如图 8-33 所示。扳至Ⅱ端隔离位,高压隔离开关 QS2 动作,如图 8-34 所示。

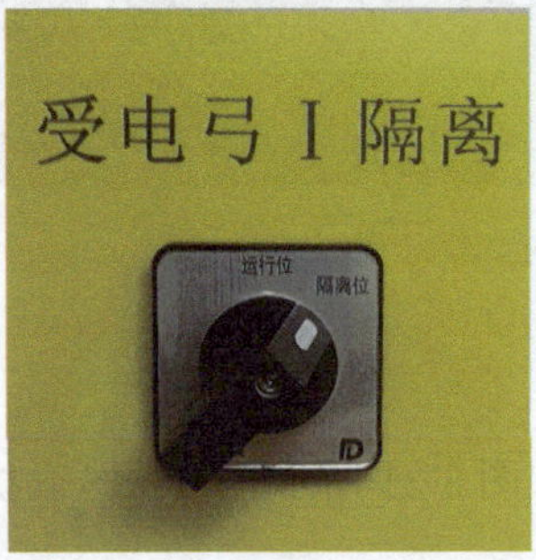

图 8-33 Ⅰ端受电弓隔离

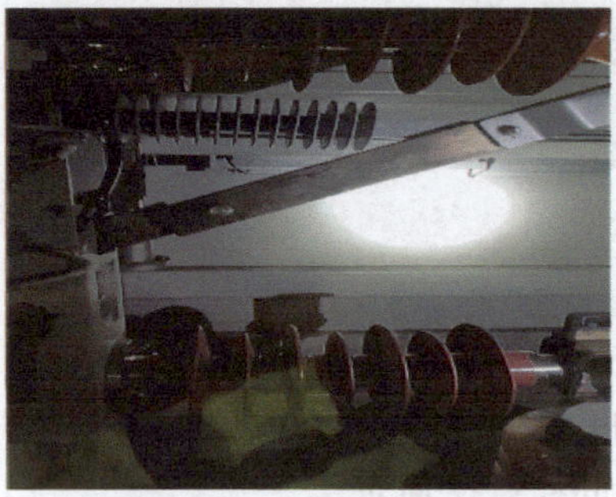

图 8-34 Ⅱ端受电弓隔离

九、受电弓试验

1. 将受电弓扳键开关 SB41(SB42)置升位,前、后受电弓分别正常升起后,检查前、后受电弓气路板上的升弓风压在 340～380 kPa,如图 8-35 所示。

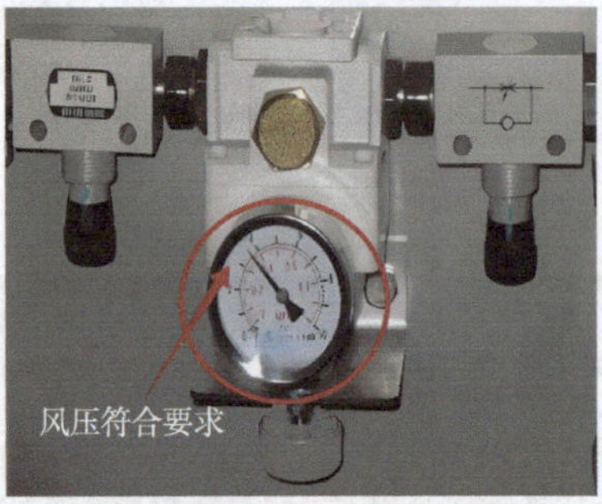

图 8-35 升弓风压表

2. 受电弓参数检测。受电弓静态接触压力检测,受电弓在高度 1 600 mm 时,接触压力 4～9 月份为(70±5)N,其余月份为(70+5)N。受电弓两块碳滑板水平状态检测,应保持水平。受电弓升高到 2 000 mm 时,升弓时间小于等于 5.4 s,受电弓从 2 000 mm 高度降弓时间小于等于 4 s。

十、无人警惕试验

从 TCMS 微机屏进入检修模式下的信号信息界面,按下操纵台上黄色无人警惕按钮(图 8-36)或踩脚踏开关(图 8-37)。TCMS 微机屏上 DI2 页面 521 或 531 号线显示(或 631 号线显示),如图 8-38 所示。

图 8-36　无人警惕按钮

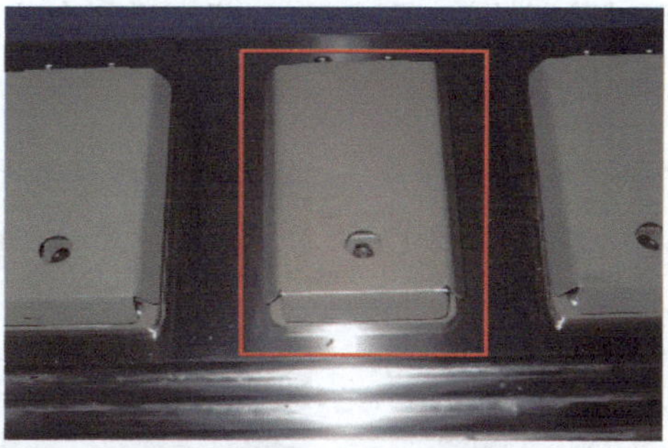

图 8-37　无人警惕脚踏开关

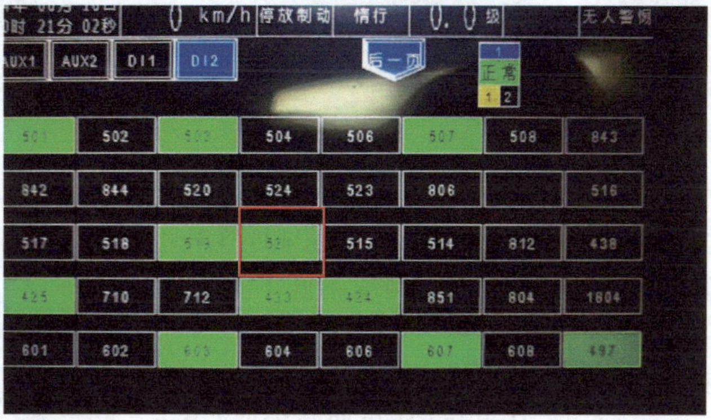

图 8-38　微机屏 521 得电显示

十一、试验结束

恢复各电器转换开关，拨出操纵台电钥匙，取下换向手柄，关闭升弓风缸塞门，断开蓄电池自动开关 QA61。

第二节　高压试验

一、试验前的准备

1. 检查各管路塞门在正常位置，如图 8-39 所示。

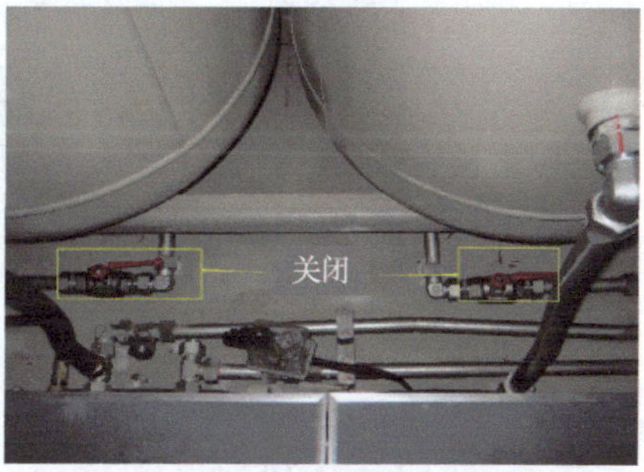

图 8-39　总风缸排水塞门

2. 检查各转换开关位置正确，升弓气路阀上的蓝色 U99 钥匙处于垂直位置。

3. 闭合蓄电池自动开关 QA61 及控制电器柜上的相关自动开关，加热开关 QA72、QA60、QA73、QA74 要断开，如图 8-40 所示。确认蓄电池电压表 P71 显示电压应不低于 96 V。

4. 检查制动柜上辅助风缸压力表风压不低于 640 kPa。若低于 640 kPa，按下控制电器柜辅压机按钮 SB95，当风压达到(735±20)kPa 时，辅助压缩机停止工作。

5. 高压试验开始前，通过 6A 对机车进行车顶高压绝缘检测，检测合格后方可进行高压试验，如图 8-41 所示。

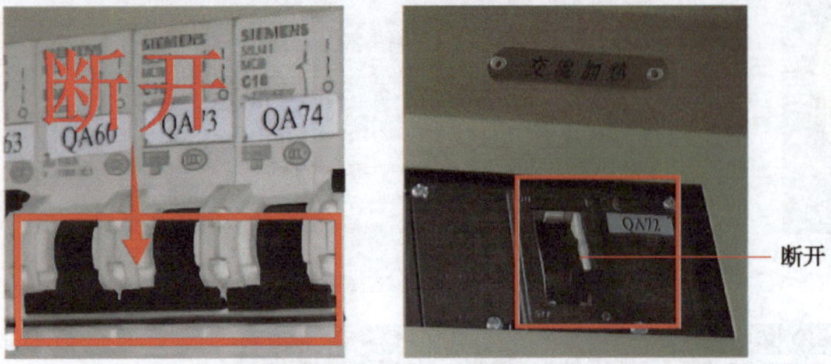

图 8-40　加热开关

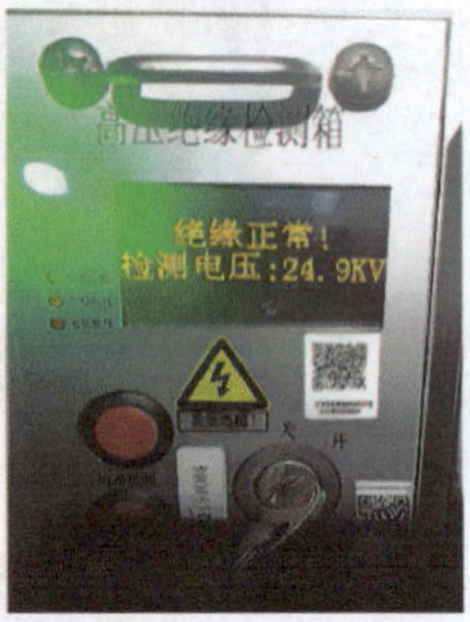

图 8-41　绝缘检测正常

二、升弓合主断试验

1. 闭合电钥匙，将受电弓扳键开关 SB41(SB42)置升弓位，后受电弓正常升起后，微机屏上显示网压不低于 19 kV，如图 8-42 所示。

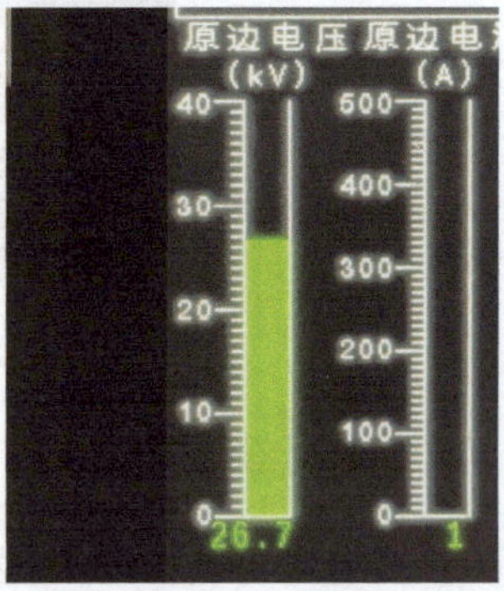

图 8-42　网压显示 19 kV

2. 将主断控制扳键开关 SB43(SB44)，置“主断合”位，主断吸合，微机屏显示主断“合”。从微机屏“机器状态”栏点击“辅助电源”，确认 APU2 图标显示绿色，表示工作正常，输出电压约 380 V，控制频率约 50 Hz，如图 8-43 所示。

从“风机状态”中确认水泵、油泵工作正常，确认Ⅰ、Ⅱ主变流器上冷却液流量表及液位仪，正常情况下流量为 200 L/min，水位 30～60 mm。蓄电池控制电压上升到约 110 V，如图 8-44 所示。

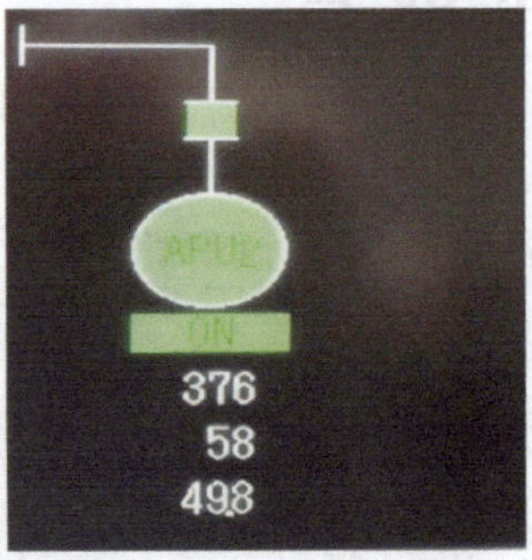

图 8-43　APU2 工作

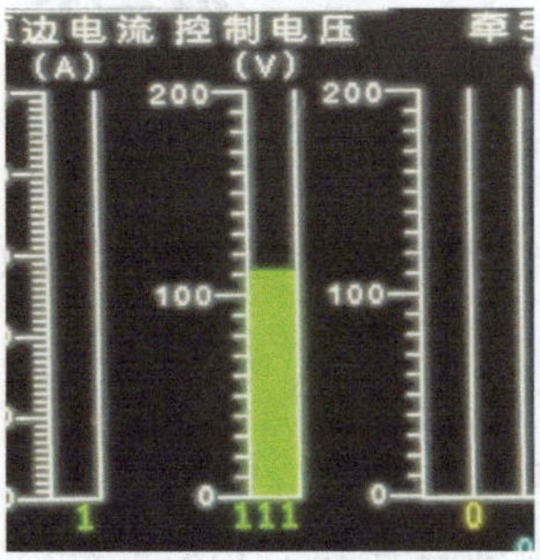

图 8-44　控制电压

三、空压机泵风试验

1. 正常泵风试验

闭合空压机扳键开关 SB45(SB46)，如图 8-45 所示。总风缸风压低于(680±20)kPa 以下，两台空压机工作，风压达到(900±20)kPa 时，两台空压机停止工作。总风缸风压下降至

(750±20)kPa 以下，由非操纵端的一台空压机工作，风压达到(900±20)kPa 时停止工作。空压机工作时，无剧烈振动，无异常声音。

2. 空压机强泵风试验

将空压机扳键开关扳至强泵合位，总风缸风压上升至(950±20)kPa 时，高压安全阀开始排气，如图 8-46 所示。

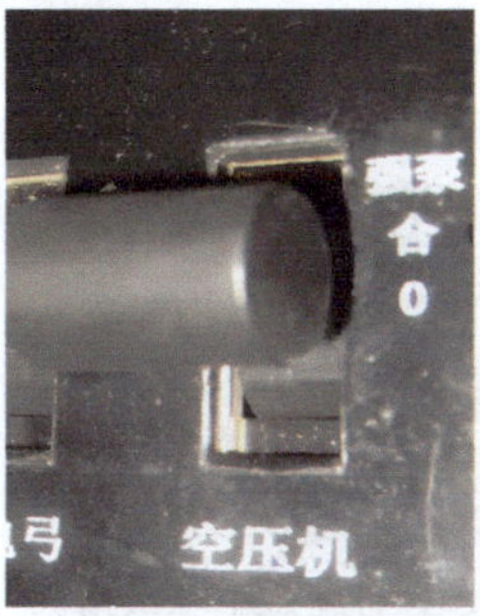

图 8-45 空压机扳键开关

图 8-46 高压安全阀

四、主变流器试验

将自阀手柄置抑制位 1 s 后回运转位，单阀置全制位，观察制动屏“动力切除”提示字样消失；制动缸显示 300 kPa，列车管、均衡风缸显示 600 kPa。通过微机屏将 CI1～6 开放。司机控制器换向手柄置前进或后退位，司机控制器控制手柄置牵引位。确认 CI1～6 能够开放，主变流器主接触器、充电接触器不吸合，无牵引力矩输出。

五、辅助变流器试验

将 CI1～6 全部开放，换向手柄由 0 位转换为前进或后退位，此时辅助电源装置 APU1 开始工作，频率 33 Hz，如图 8-47 所示，两台牵引电动机用通风机、两台复合冷却器用通风机均采用软起动方式投入工作。

提控制手柄至 4 级及以上或者控制手柄置制动 * 位及以上时，APU1 工作频率 50 Hz，辅助风机满负荷工作，如图 8-48 所示。司机控制器控制手柄，换向手柄置 0 位，3 min 后牵引风机停止运转。

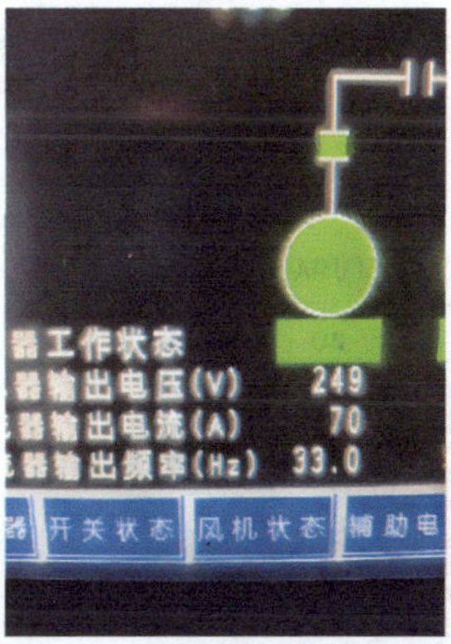

图 8-47 APU1 控制频率 33 Hz

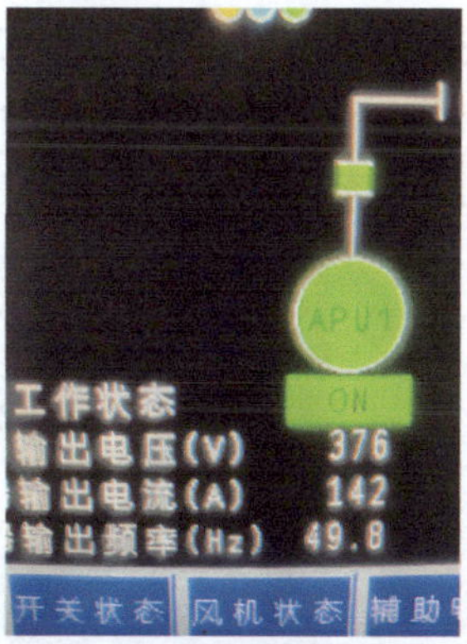

图 8-48 APU1 控制频率 50 Hz

断开主断路器,通过 TCMS 屏将 APU1 或 APU2 开放。闭合主断路器,辅助风机高速运转,通过微机屏观察辅助风机运转正常,风机自起控制失效,试验结束,通过微机屏将 APU1 或 APU2 恢复。

六、低压电源柜试验

断开主断路器,将电源装置面板的 SW1 选择开关由自动位打至单元 1 位,闭合主断路器,观察显示屏 PSU1 的电压、电流值在正常范围内,PSU2 无输出,如图 8-49 所示。

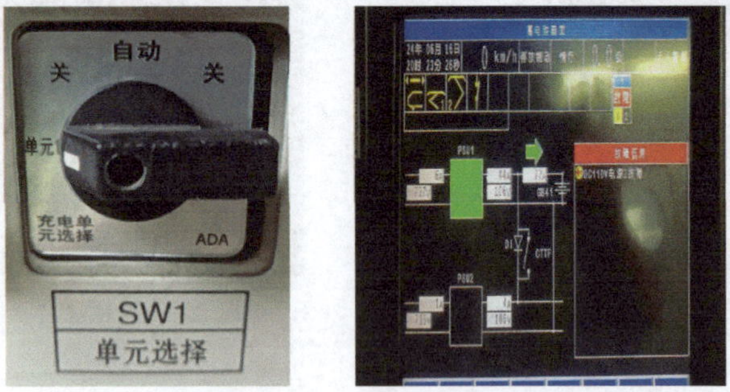

图 8-49　PSU1 工作

再由单元 1 位打至单元 2 位,观察显示屏 PSU2 的电压、电流值在正常范围内,PSU1 无输出,如图 8-50 所示。

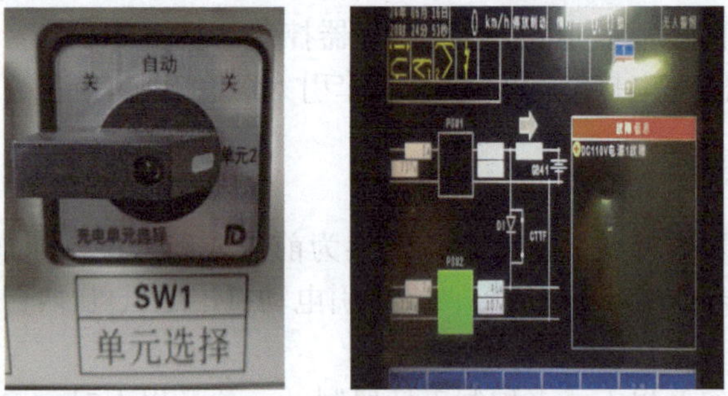

图 8-50　PSU2 工作

七、其他静态试验

试验开关 SA75 在正常位置,从微机屏进入检修模式(密码:000)试验界面下,对“主司机控制器试验”“启动试验”“零级位试验”“辅助电源试验”“显示灯试验”“无人警惕试验”等试验项目,依次点击按照显示屏提示信息进行试验,如图 8-51 所示。

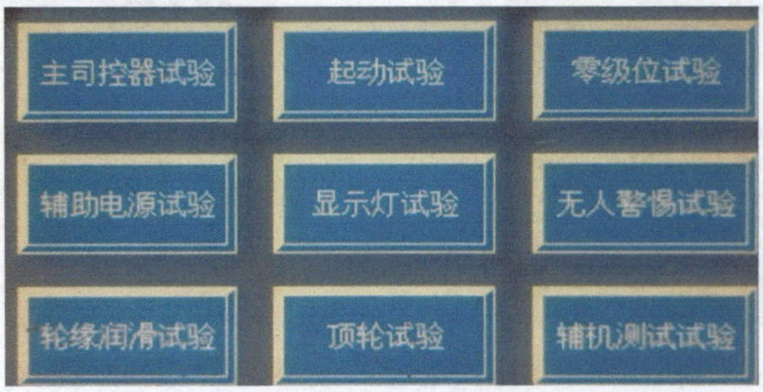

图 8-51　静态试验项目

八、牵引制动试验

1. 试验前确认总风压力大于 750 kPa，自阀、单阀置全制位，确认制动缸压力不低于 300 kPa，如图 8-52 所示。

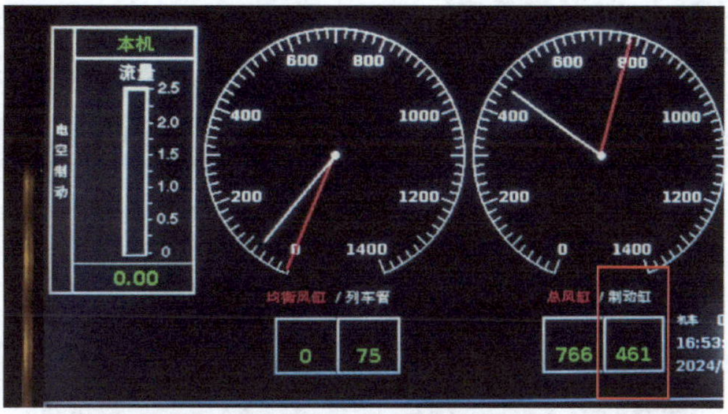

图 8-52 制动缸压力

2. 开放 CI3、4、5、6，司机控制器换向手柄置前进或后退位，司机控制器控制手柄置牵引 * 位。微机屏显示牵引电机 1、2 主变流器中间电压上升到 2 800 V(牵引界面显示 13 kN)，其余电机为 0，如图 8-53 所示。机车加载控制手柄置 0 位，微机屏显示牵引电机 1、2 输出显示为 0。

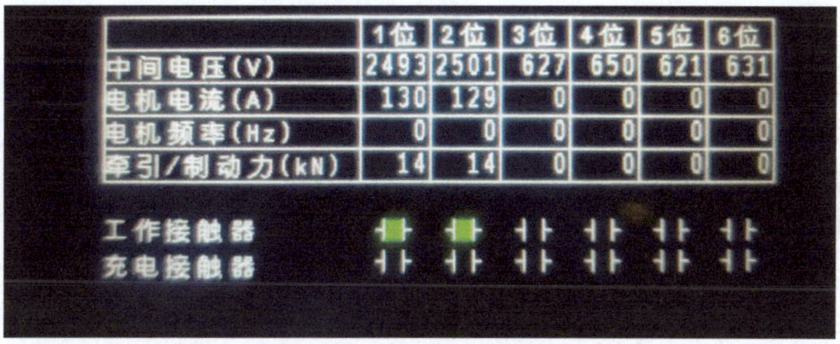

图 8-53 主变流器中间电压

3. 开放 CI1、2、5、6，司机控制器换向手柄置前进或后退位，，司机控制器控制手柄置牵引 * 位。微机屏显示牵引电机 3、4 主变流器中间电压上升到 2 800 V(牵引界面显示 13 kN)，其余电机为 0。机车加载控制手柄置“0”位，微机屏显示牵引电机 3、4 输出显示为 0。

4. 开放 CI1、2、3、4，司机控制器换向手柄置前进或后退位，司机控制器控制手柄置牵引 * 位。微机屏显示牵引电机 5、6 主变流器中间电压上升到 2 800 V(牵引界面显示 13 kN)，其余电机为 0。机车加载控制手柄置 0 位，微机屏显示牵引电机 5、6 输出显示为 0。

5. 动力切除试验。自阀置紧急制动位，如图 8-54 所示。投入 1-2 台牵引电机，其余牵引电机置开放位，显示屏置“机器状态”项，司机控制器控制手柄置牵引 * 位加载，如图 8-55 所示。对应投入电机主变流器中间电压不上升，制动显示屏有“动力切除”显示，控制手柄立即回零位，如图 8-56 所示。

图 8-54　自阀置紧急位

图 8-55　控制手柄牵引 * 级位

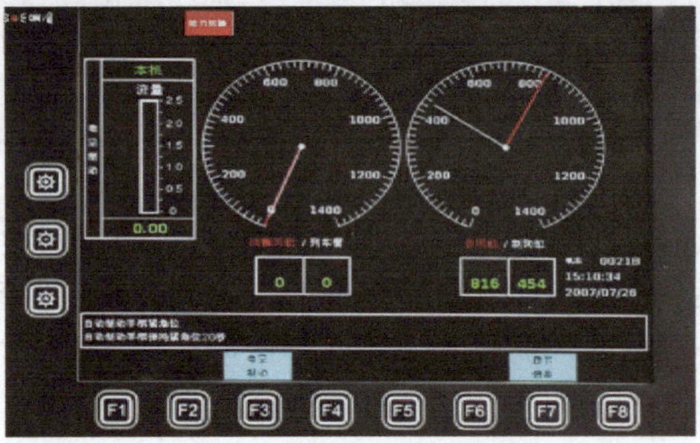

图 8-56　制动显示屏显示动力切除

6. 恢复“动力切除”后，按下操纵台上的红色紧急制动按钮，主断瞬间断开，如图 8-57 所示。制动显示屏显示动力切除。试验完后把“紧急制动”按钮进行旋转复位。

7. 试验结束，通过微机屏将 CI1～6 全部置于开放位。

8. 低风压保护试验程序。

(1)断开空压机扳键开关，打开总风缸排水阀，总风压力下降到(500±20)kPa 以下，从 TCMS 屏进入检修模式下的 DI2 信息信号界面查看 844 号线显示绿灯，为得电状态，如图 8-58 所示。控制手柄移至牵引 * 级位，不能加载。

图 8-57　紧急制动按钮

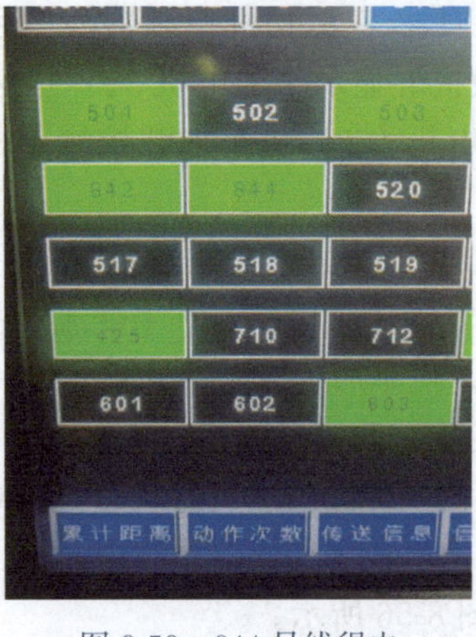

图 8-58　844 号线得电

(2)闭合空压机扳键开关,总风缸风压上升至(600±20)kPa 以上,844 号线不再显示绿色,为失电状态,如图 8-59 所示。控制手柄移至牵引级位,机车能加载。

图 8-59　844 号线失电

九、换端操作

重复以上二、四、七、八项试验步骤。

十、列车供电柜试验

1. 空载试验

机车升弓合主断正常后进行列车供电柜空载试验,将两个供电柜内集控器故障开关置隔离位,接地开关在投入位,如图 8-60 所示。A、B 组转换开关置 A 或 B 位,如图 8-61 所示。

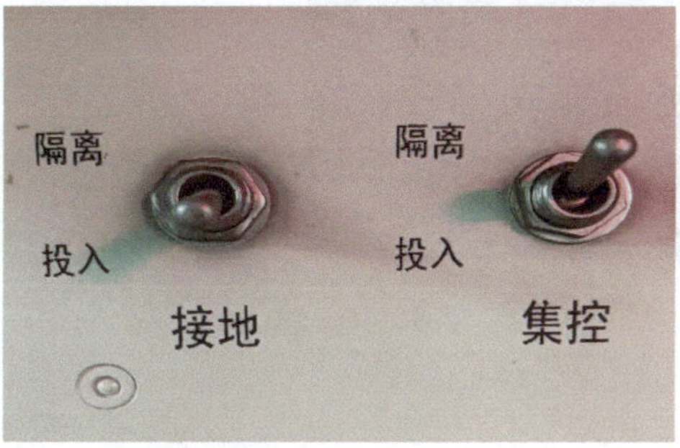

图 8-60　集控器故障开关

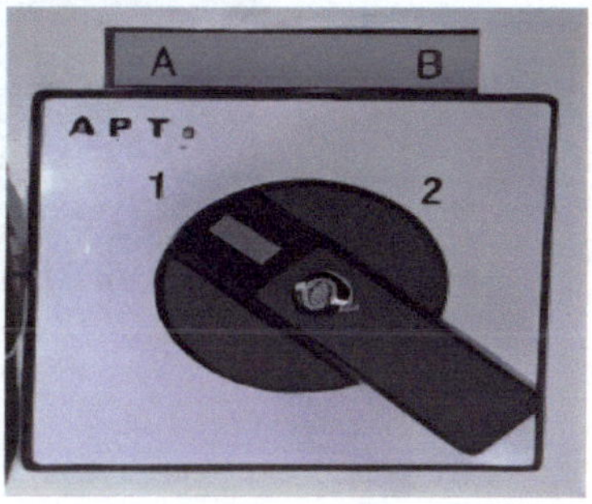

图 8-61　转换开关

打开操纵台上列供钥匙开关,供电装置开始工作,如图 8-62 所示。此时操纵台微机屏显示 LG1、LG2 两路供电电压及电流如图 8-63 所示。电压应保持在 600×(1±5%)V 之内,同时观察 6A 列供子系统,观察 1、2 路漏电流小于 5 mA,如图 8-64 所示。关闭列供钥匙开关,列供柜停止工作;转换 A、B 组重复上述操作。

2. 负载试验

集控开关置隔离位,由负载试验台提供 25%、50%、75%、100%负载,检查电压 600×(1±5%)V 无波动。

(1)接地保护试验:试验台接地开关分别置于正、负端接地位,列车供电装置将会产生 120～180 mA 的漏电流,持续时间在 30 s 后,微机屏出现故障报警信息,供电装置限制输出。

(2)四组供电插座均需按上述要求进行试验。

图 8-62 列供钥匙

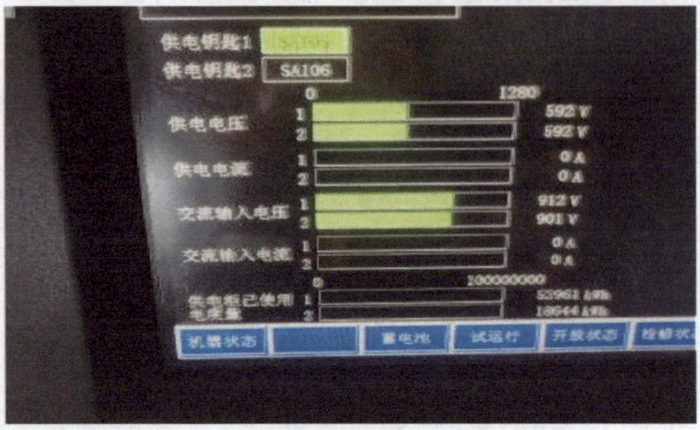

图 8-63 微机屏显示

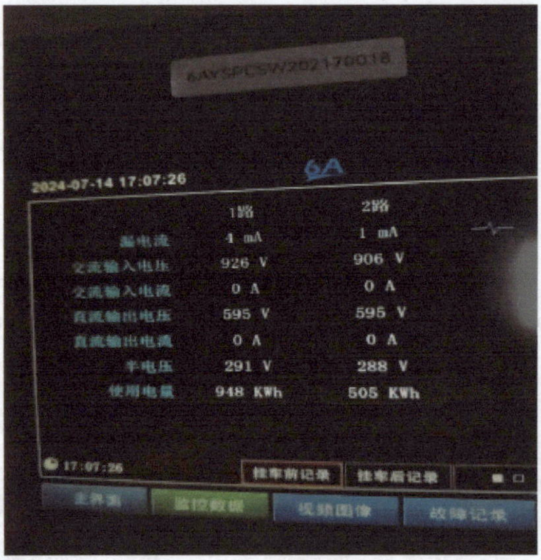

图 8-64 6A 屏显示

十一、试验结束

1. 确认微机屏 CI1～6 全部置于开放位,如图 8-65 所示。

2. 确认停放制动施加,单阀在全制动位,自阀在重联位,如图 8-66 所示。

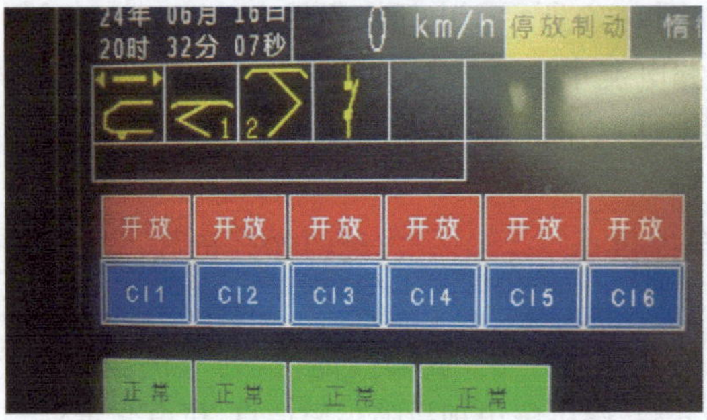

图 8-65 CI1～6 全部开放

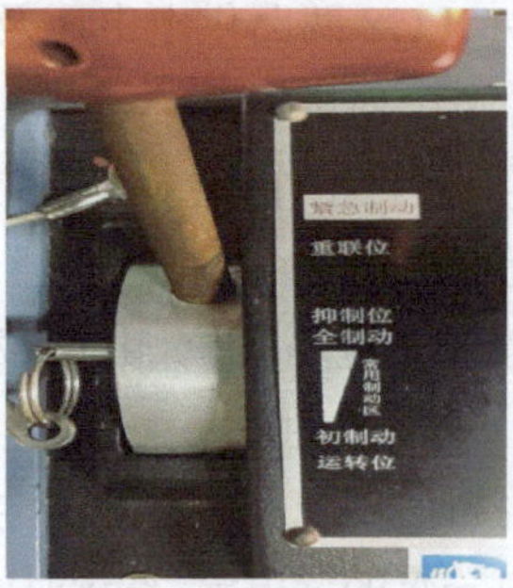

图 8-66 自阀“重联”位

3. 断开主断、降下受电弓，拔出电钥匙，取下司机控制器换向手柄，断开蓄电池自动开关。

第三节　常见故障处理

一、受电弓无法升起

(一)故障现象

机车无网压显示；TCMS 显示屏显示“接触网低电压”等故障信息。

(二)处理过程

1. 气路检查

(1)确认总风缸塞门 A24 在开启位。

(2)检查空气柜蓝钥匙是否在开放位(垂直状态)。

(3)在空气柜检查升弓气路风压表应高于 450 kPa 以上；如风压低，合升弓扳键开关，辅助压缩机将会自动打风，辅助风缸风压达到 735 kPa 后，断开升弓扳键开关再次重合即可升弓；也可不合升弓扳键开关，在制动柜处按压右上方辅助压缩机按钮 SB95，使用辅助空压机打风后再升弓。

(4)检查其气路控制板下方供风塞门。

2. 电路检查

(1)受电弓隔离转换开关 SA96 位置应在 0 位。

(2)检查控制电器柜司机控制自动开关 QA43 或 QA44 应在闭合位，断合几次，防止假跳。

(3)检查升弓电磁阀状态，确认升弓阀板压力风表有无压力显示，无显示则为电磁阀故障，换弓运行。

二、运行途中，受电弓非正常降下

(一)故障现象

TCMS 显示屏显示“接触网低电压”。

(二)处理过程

1. 立即停车，检查弓网状态。

2. 控制电气柜上“网侧电压”自动开关 QA1 应在闭合位。

3. 操作控制电气柜上“受电弓故障隔离”开关 SA96，隔离故障受电弓。

4. 升另一端受电弓，维持运行。

5. TCMS 显示屏内网压表没有感应网压时，严禁升弓。

三、主断路器合不上

(一)故障现象

TCMS 显示屏显示主断路器分、机车状态指示灯“主断分”灯亮，辅机不工作。

(二)处理过程

1. 受电弓升起后确认网压是否高于 17.5 kV;当网压为零时,检查控制电器柜“网侧电压”自动开关 QA1 是否跳开,断合几次,防止假跳。

2. 确认司机控制器控制手柄处于 0 位。

3. 观察微机显示屏故障信息栏,如有保护装置动作,按对应故障处理。若为 CI 主变流器故障,则将故障主变流器切除。

4. 受电弓能升起,观察微机屏是否提示“主断气路压力低”,若有提示,使用辅助空压机打风。

5. 若 LCDM 显示屏幕左上方显示“动力切除”,检查“紧急停车”按钮,确保在弹起位。

6. 确认控制电气柜上试验开关 SA75 位置在 0 位。

7. 确认控制电器柜内主、辅库用开关处于正常位。

8. 检查确认主断气路塞门 U43.03(在空气柜控制风缸压力表正上方)在开放位(垂直状态)。

9. 确认半自动过分相按钮 SB67(68)、自动过分相装置试验按钮(自复式)位置在弹起位。如自动过分相装置故障,关闭电源,手动过分相。

10. 自动过分相后主断路器合不上,采用手动闭合主断路器。

11. 如按上述方法处理后主断路器仍不能闭合,尽可能维持进站。停车后,采取断、合蓄电池自动开关进行复位处理。

四、DC 110 V 电源装置(PSU)不工作

(一)故障现象

机车控制电压下降,充电单元不工作或 TCMS 显示屏显示“DC 110 V 运转停止”。

(二)处理过程

1. 断主断路器、自动开关 QA47、QA63 后,重新闭合自动开关 QA47、QA63,再闭合主断,观察控制电压显示 110 V 且不下降后,继续运行。

2. 上述方法处理无效时,按下列方法处理:

(1)DC 110 V 充电单元共有两组,分别为 PSU1 和 PSU2,正常情况下同时工作,当有一组发生故障时,微机将会自动转换到另一组。

(2)若微机没有自动完成故障 PSU 间的相互转换,可人为进行以下操作:将 CB1 电源脱扣断开;将 SW1 单元选择开关打到正常工作的一组 PSU 充电单元;将 CB1 电源脱扣重新闭合后,观察双针指示表电流指针上升到 0 刻度以上,表明 PSU 正常工作。

(3)处理无效时采用停车、断电复位的处理方法。

五、提司控器控制手柄无牵引力输出

(一)故障现象

微机屏主画面有级位显示,但 6 台主变流器无力矩显示。

(二)处理过程

1. 确认总风缸压力应在 480 kPa 以上,手动缓解停车制动,“停车制动”灭灯。

2. 确认给手柄后微机屏有对应工况和级位显示，如果仍无牵引力矩显示，则将调速手柄回 0，按压“复位”按钮后再提手柄。

3. 确认两端辅助变流器启动完成，各风机启动完毕。机车微机故障显示栏无牵引风机风速不良、油泵油流不良和复合冷却风机等故障信息出现。

4. LCDM 显示屏如有“动力切除”显示，确认非操纵端自阀是否在重联位，警惕装置是否动作。

5. LCDM 显示屏显示“惩罚制动”时，自阀置抑制位 1 s，待惩罚制动消除后，继续运行。

6. 过分相后，机车不能加载，可将司控器控制手柄回 0 位后重新加载，但要注意手柄的级位与机车速度是否相符。

7. 上述处理无效，停车，采取断、合蓄电池自动开关复位处理。

8. 仍无牵引力输出，请求救援。

六、主变流器 CI 故障

(一)故障现象

跳主断路器，故障显示灯亮，微机屏故障栏显示相应的 CI 主变流器故障。

(二)处理过程

1. 司控器控制手柄置 0 位，换向手柄置 0 位。

2. 按复位按钮，重新闭合主断路器，加载试验(此时注意 TCMS 屏提示的内容，包括故障信息和电机牵引力情况)。

3. 使用复位按钮不能消除故障时，切除相应 CI 单元，再闭合主断路器加载。

当故障严重时，机械间可能伴有“放炮”的声音或冒烟情况发生，作业者要果断处置。

七、辅助变流器 APU 故障

(一)故障现象

跳主断路器，故障显示灯亮，TCMS 显示屏显示辅助变流器输入过流、辅助回路过载、APU1 接地、APU2 接地、APU1 或 APU2 过滤网污损等故障。

(二)处理过程

1. 司控器控制手柄和换向手柄回 0 位，10 s 后重合主断路器，故障消失后继续运行。

2. 其中一组 APU 故障时，确认 TCMS 自动切换。

3. TCMS 自动转换无效，切除故障 APU。

4. 断开 QA47 进行复位转换。

八、TCMS 显示屏故障

(一)故障现象

TCMC 显示屏黑屏。

(二)处理过程

1. 确认微机屏上无异物后，停车，采取断、合蓄电池自动开关复位处理。

2. 若无效后,对微机显示屏进行如下操作:断开微机电源,用手指一直按住触摸屏,此时按住触摸屏的手指不要拿开,合上微机电源。

3. 10 s 左右,屏幕右上角出现一个白色小光标,按住光标约两三秒,此处光标消失(发出噼的声音),触摸屏左下角出现同样的光标,按住此处光标约两三秒,光标消失(发出噼的声音)。

4. 此时进入 TCMS 英文黑白菜单界面,按左下角"write config"(写入)触摸按钮,再按右下角"重起"触摸按钮,重起电源。

5. 重起电源,待微机启动后,若微机屏仍无法启动,则将前后端微机显示屏倒换。

九、辅助类电机故障(油泵、水泵、牵引风机、空压机、复合冷却通风机)

(一)故障现象

TCMS 显示屏上会出现相关故障信息。

(二)处理过程

1. 断开主断路器,将控制电气柜上对应的自动开关重新闭合。

2. 无法恢复时,甩除后维持运行。

十、主回路接地故障

(一)故障现象

跳主断,"主断分"指示灯亮,微机屏显示"主接地"或"牵引电机"故障,TCMS 显示屏上显示"主变流器 CI×故障"记录。

(二)处理过程

1. 将司控器控制手柄位置 0 位,换向手柄置 0 位。

2. 按复位按钮,重新闭合主断路器。

3. 切除故障 CI 单元。

十一、辅助回路接地故障

(一)故障现象

跳主断,"主断"指示灯亮,微机屏显示"辅接地"故障,微机屏辅助电源画面显示接地的辅助变流器组别。

(二)处理过程

1. 调速手柄回 0 位,按"复位"按钮,再合主断恢复运行。

2. 断开辅助变流器自动开关 QA47,重新闭合。

3. TCMS 显示屏内切除故障 APU1 或 APU2,如果接地故障不出现,机车可继续运行(说明被隔离的辅助变流器有接地现象,回段报修)。

4. 故障依然发生,作业者断开下列自动开关:QA25、QA72、QA11～QA14、QA19～QA20;重新闭合主断路器后依次闭合上述自动开关,当闭合到某一自动开关时,TCMS 屏显示辅助回路接地,将该自动开关断开,维持运行。

十二、控制回路接地故障

(一)故障现象

自动开关 QA59 跳断,状态指示灯上"控制接地"灯亮。

(二)处理过程

1. 重新闭合"接地检测"自动开关 QA59 及相应跳开的自动开关,正常后继续运行。

2. 如自动开关闭合后故障再次发生并影响走车时,断开自动开关 QA59,仅闭合跳开的自动开关,继续运行。

十三、主变压器原边过流、次边过流

(一)故障现象

跳主断,"主断分"指示灯亮,微机屏显示"原边过流"或"次边过流"故障。

(二)处理过程

1. 重新闭合主断路器,故障信息区域不再出现"原边过流"信息,则维持运行。

2. 若司控器控制手柄在高级位状态下,故障信息区域出现"原边过流"信息,则降低司控器控制手柄级位维持运行。

3. 若主断合不上,立即请求救援。

十四、空气压缩机不工作

(一)故障现象

空气压缩机低于启动压力值时不工作;TCMS 显示屏显示空压机(×)故障。

(二)处理过程

1. 将空气压缩机自动开关 QA19、QA20 重新断、合一次;查看 TCMS 显示屏"空气压缩机故障"是否消除、状态显示灯"压缩机"红灯是否灭。

2. 在微机主界面状态下,按下检修状态,检修界面下,输入密码"000",点击[确认][设定][功能选择],查看压缩机控制状态,正常设定为间歇式。

3. 将操纵台上空气压缩机扳扭开关扳至"强泵风"位,确认 TCMS 显示屏内空压机工作状态。

4. 只有一台空气压缩机工作,维持运行。

5. 如两台空气压缩机仍然不工作,停车请求救援。

十五、干燥器排风不止

(一)故障现象

空气压缩机工作时,干燥器排风不止,总风缸长时间泵不满风。

(二)处理过程

1. 首先隔离相应的压缩机。

2. 关闭故障干燥器的工作电源,只使用另一组干燥器工作。

3. 关闭干燥器出风管塞门。

十六、列车供电装置故障

(一)故障现象

一路或两路供电电压为0,TCMS微机屏显示供电接地故障,过流故障,直流侧故障。

(二)处理过程

1. 一路供电电压为0

(1)断开供电钥匙及主断路器,将故障对应的列供电柜上方合页门打开,供电控制箱转换开关转换到另一组,再合主断重新给供电钥匙。

(2)将集控扳钮打到隔离位,重新合主断给供电钥匙供电。

(3)将故障对应的列车供电1/2自动开关QA48/QA49断开3 min后,重新闭合进行供电。

(4)如不能消除故障则一路供电维持运行。

2. 两路供电电压为0

(1)机车与车辆联挂好后,车辆请求供电,给供电钥匙,微机显示屏两路供电无DC 600 V显示,则断供电钥匙及主断,通过电台与车辆乘检联系,对方确认已经给出请求供电指令。

(2)打开1、2端列供电柜上方合页门,将集控扳钮打到隔离位,重新合主断给供电钥匙供电。

(3)若不能消除故障,将列车供电1、2自动开关QA48、QA49断开3 min后,重新闭合进行供电。

3. 供电接地故障

(1)通过电台联系车辆乘检甩开所有负载试验,确定是供电柜接地,还是负载接地。

(2)若车辆负载接地,要求车辆乘检甩除故障负载;若机车接地可将供电柜中接地隔离开关打至隔离位,维持运行。

4. 过流故障

(1)运行中发生过流故障时,应重新闭合供电钥匙一次,如能消除故障则继续运行。

(2)如频繁过流,断供电钥匙及主断路器,将供电柜供电控制箱转换开关转换到另一组,再合主断重新给供电钥匙。

(3)如不能消除故障则一路供电维持运行。

5. 直流侧过压故障

(1)运行中微机状态屏偶尔提示直流侧过压时,如能很快消除,属正常现象,无需处理。

(2)如长时间提示某一路过压,应和车辆乘检联系确认车辆600 V电压是否正常,正常时维持运行,回段处理。

(3)如车辆600 V电压不正常,则通知车辆乘检将负载转至正常的一组维持运行。

复习思考题

1. 电力机车高、低压试验的目的是什么？
2. 闭合蓄电池自动开关 QA61 需确认哪些内容？
3. 低压试验中，手柄级位试验内容有哪些？
4. 日常工作需检测哪些受电弓参数？
5. 简述空压机正常泵风试验内容。

参 考 文 献

[1] 中国国家铁路集团有限公司机辆部．铁路机车概论[M]. 北京：中国铁道出版社有限公司，2022.

[2] 铁路职工岗位培训教材编审委员会．机车电工[M]. 北京：中国铁道出版社，2011.

[3]《和谐型交流传动机车技术丛书》编委会．HXD_{1B} 型电力机车[M]. 北京：中国铁道出版社有限公司，2019.

[4]《和谐型交流传动机车技术丛书》编委会．HXD_{1D} 型电力机车[M]. 北京：中国铁道出版社有限公司，2019.

[5]《和谐型交流传动机车技术丛书》编委会．HXD_{3C} 型电力机车[M]. 北京：中国铁道出版社有限公司，2019.

[6] 中国铁路上海局集团有限公司．电力机车副司机岗位培训教材[M]. 北京：中国铁道出版社有限公司，2021.

[7] 中国铁路上海局集团有限公司．普速铁路接触网工岗位培训教材[M]. 北京：中国铁道出版社有限公司，2022.